目次

第2章 「物理の法則」は、人間にも当てはまる

第4章　「対比」と「軸」で見えてくるもの　147

やわらかい頭の作り方　身の回りの見えない構造を解明する

はじめに

私たちはよく、「頭がやわらかい」とか「頭が固い」という言い方をします。

なにげない表現ですが、一体これはどういうことを意味しているのでしょうか？子供や若者は「頭がやわらかく」、年齢を重ねるにつれて「固くなって」いくとは一般に言われることですが、当然これは物理的な頭の固さを言っているわけではありません。

一般に「頭がやわらかい」というのは、以下のような人や現象を言うのではないでしょうか？

・一つの価値観や考え方に固執せずに、状況や相手に応じて柔軟に変化することができる

・他人が考えつかないような、新しいアイデアを多数考え出すことができる

反対に「頭が固い」というのは、以下のような現象をいうことが多いようです。

・自分中心の一つの価値観に固執して、他人の価値観や考えを受け入れない
・慣習や前例等、それまでの古い常識を絶対視して、新しい現象を否定的に捉える

これらの表現から、「頭がやわらかく」なるためには「自分の考えに固執しない」「旧来の慣習にとらわれない」「新しく個性的なアイデアを創造できる」といったようなことがポイントになることがわかるでしょう。

本書が目指すのは、このような発想をするために、どのように普段世の中や身の回りの事象を見ていけばよいかのイメージを、読者につかんでもらうことです。

そのためのキーワードは「目に見えない構造」です。まず前半の「目に見えない」についてです。人間にはよくも悪くも、直接的に目に見えないモノやコトを頭の中だけで「概念」として扱う能力があります。言葉や数というのがその代表です。頭のやわらかい人というのは、このように「目に見えない」概念を扱うのが得意な人です。ところが、それは難易度も高いのでなかなか真似ができません。本書ではそれを「可視化」することで、容易に取り扱うコツをお伝えしたいと思います。

もう一つのキーワードが後半の「構造」です。ここで「構造」というのは、複数の事象の間の「関係性」のことを言います。人間ならではの知的活動というのは、事象と事象の間の「関係性」を見出し、それを法則化することで、一つ一つの事象を個別に見るのではなく、まとめて見ることです。それによって、「一を聞いて十（あるいはそれ以上）を知る」ことが可能になります。これが人間の知能の最も基本的な機能ということになります。関係性の典型的な例が「原因」と「結果」の関係、つまり因果関係です。

因果関係がわかれば、ある事象から他の事象への予測が可能になります。科学の法則や「ことわざ」というのもそれに相当します。「こういうことが起こったら、次にこういうことが起きる（にちがいない）」ということがわかれば、人間は直接見えていないことまで飛躍的に発想を広げることができるようになります。

本書では、そのような身の回りの「目に見えない構造」を明らかにすることで、読者の皆さんに今までと違う視点で身の回りの世界を眺め、これまでと違う世界観を持つことで固定観念から抜け出し、やわらかい発想をするためのきっかけをつかんでもらうことを目指します。

本書で示すように、頭が固いかやわらかいかは年齢とは直接の相関はありません。要は自分の頭が固くなっているかもしれない、あるいは柔軟な発想をしたいという自覚さえあれば、あとはいくらでも方法があります。

本書を手に取った皆さんは、既にその「第一関門」（実はこれが一番大きいのです）は突破しています。今現在と読後で、「世界が変わって見える」体験をしてもらえれば、著者としてこれ以上の喜びはありません。

CHAPTER 1

第1章「心の癖」を自覚する

頭をやわらかくするための第1章、それはまず自分の思考の「癖や偏り」を認識することです。私たちは例外なく、自分中心のものの見方しかできません。頭が固いとは、自分中心の考え方しかできないことを意味します。そのことをまずは認識し、矯正してみることが柔軟な考え方につながっていくことになります。

例えば、

❖「周りの人は自分のことを理解してくれていない」と考える前に「では一体、自分は他人のことをどれだけ理解しているのだろうか?」と考えてみる。

❖「自分だけが損をしている」と考える前に、「他人はもっと損をしているのではないか」と考えてみる。

❖「相手がおかしい」と思う前に、「おかしいのは自分の方ではないか?」と疑ってみる。

人間は基本的に感情によって行動するものですが、感情というのは往々にして一貫性がなく、他人には理解しにくいものです。特に複数の人たちと集団で行動する場合には、このような思考の癖が「頭の固さ」となって悪さをします。したがって、頭をやわらかくして考えるためには、まずはこのような「悪い癖」を自覚することが必要です。

本章では、このような「思考の癖」にどのようなものがあるか、改めて考えてみましょう。

1　思考回路が行動を決める

「若い時にもっと勉強しておけばよかった」

「せめて二〇代のうちに、英語をやり直しておけば……」

「いま高校生にもどれたら……」

……


多くの大人が何かにつけて、こういうことを考えるでしょう。でも大抵の場合、こういう「タラレバ」はタイムマシンに乗って過去にもどったとしても、同じことになる可能性が高いというのは、言っている本人も十分わかっていることでしょう。

同様に「死ぬときに後悔することは○○だ」という話もよくききますが、この場合も、ではそれを知っていたから別の人生を送るかと言えば、多分そうはなりません。

例えば「他人の言うことを気にせずに、自分の好きなことをやればよかった」という

のも、「確かにそうだ」と多くの人が賛同するはずですが、実際に「他人の目を気にして生きている人」は、もう一度人生を繰り返しても同じことになるでしょう。そのときはそのときなりに、個々の選択がベストあるいはベターだと思っていたはずだからです。

要は「後悔することとしないこと」があるのではなくて、「後悔する人としない人」がいるだけだということです。つまり、人間の行動の多くは、各人の「思考回路」によって支配されていると言えます。

このような「個々の行動」とその背景にある「思考回路」という二重の構造は、他にも様々な例が考えられます。例えば、新入社員が上司や先輩から仕事を教わる場合にも、大きく二つのやり方が考えられます。それがまさに今回のテーマの「思考回路」のレベルなのか、「個別の行動」のレベルなのかということです。

わかりやすい「個別の行動」の方から考えてみましょう。良い提案書を書くために、どういう構成にすればよいか、どういう体裁にすればよいか、あるいはどういう表現にすればよいのか、まずは自分が作ったものに対して上司や先輩から「赤ペン添削」(もはや電子の時代では違う方法になっていますが)してもらうのが、一番わかりやすい方法です。恐らく誰もがこのようにして仕事を覚えていったことでしょう。

ところが、これだけではなかなか上達していかない場合があります。「赤ペン添削」の限界は、個別の事象に対してコメントしているために、下手をすると同じことや類似のことを何(十)回も指摘しなくてはいけないことです。

そのために併せてやるのが必須なのが、「思考回路」のレベルでの指摘です。この場合の「思考回路」というのは、仕事をやる上での基本的な考え方や仕事に臨む際の「哲学」のようなものです。会社のビジョンや文化、あるいは部門の方針というのもこれに相当します。提案書やプレゼンテーションの例で言えば、「受け手側の気持ちになって考える」という思考回路を持っている人は、何の資料を作っても、プレゼンテーションをしても、ひどい品質のものにはならないはずです。

同じように、「自責」（失敗は全て自分の責任と考える）、「他責」（上手く行かないことは全て他人や環境のせいだと考える）というのも、個々の行動を支配している思考回路です。「時間がないからできなかった」という人は、十分な時間を与えれば今度は「予算が足りなかった」とか「他社が協力してくれなかった」というように、別の言い訳を考えてきます。

このように、よく言われる「もぐらたたき」というのが個別の事象に対応していく様子です。個別の事象に対応していくことは、具体的な行動につながりやすくすぐに直接的な影響が出やすい半面、根本的な原因に対処するような本質的な解決策にはつながりません。

一方で、「思考回路を変える」のは、難易度が高く時間がかかる半面、一度達成してしまえば、個別には対応しなくても全ての行動が一気に変わるという大きなメリットがあります（特に他人の思考回路を「変える」というのは、非常に時間がかかって難しいことです）。

「何度言ったらわかるの⁉」

こう言いたくなることはよくありますが、基本的にこういう相手は「思考回路」の方が変わっていないので、「行動レベル」のことを何百回言ってもすぐに元にもどります。「思考回路」が変わるための別の方法を考えない限り、時間の無駄です。

あるいは自分の行動を変えたいときにも、個別の行動への対応策を考えるのも重要ですが、本当に必要な「思考回路の転換」を一緒に考えることで、「何度やろうとしてもできなかったこと」も改善できるのではないでしょうか（逆にそこが転換できない限りは、皆「三日坊主」に終わるので、別のことに時間やお金を使った方がよいでしょう）。

2　始まり方が終わり方を決める

「金の切れ目が縁の切れ目」

「始めよければ終わり（あるいは、全て）よし」

ここではこれらの格言を少し別の角度から見た上で、さらに様々な状況に適用してみたいと思います。

皆さんがよくご存知の「金の切れ目が縁の切れ目」という格言の辞書の説明を見てみると、

「金銭で成り立っている関係は、金がなくなれば終わるということ」（デジタル大辞泉）

とあります。

つまり金銭で成り立っている関係、例えばビジネスでの顧客と営業マン、あるいは個人でも会社でも、何らかの出資者と被出資者との関係などはお金の流れが途絶えた途端になくなってしまうということです。

ただし、これには反論がある人も多いかも知れません。もともと仕事上の付き合いだったお客さんと、仕事がなくなった後でも家族ぐるみで付き合いを続けているとか、そういう関係を継続している人も多いと思います。実はこの格言には「こういう場合に限ってあてはまる」という暗黙の前提条件が隠れているように見えます。

それは、そもそもその関係が始まるきっかけが「金」であった、つまり直接的な「金」を目当てに近づいた上での関係だという条件です。そもそも知り合いになった動機が「金」なのですから、その切れ目が縁の切れ目にもなるのは当然です。

ここから言えるのは、「金」に限らず、人間関係というのは「始まり方」が「終わり方」に相関するということです。例えば営業マンと顧客との関係を考えてみましょう。営業マンにも様々な「芸風」、つまり売り方や顧客との関係構築のスタイルがあります。商品プレゼンのうまい人、ゴルフや食事の接待攻勢が得意な人、年配の顧客の愚痴を聞くのがうまい人……といった具合です。

ここでも大抵の場合は初めの商談がどう進んでビジネス上の関係が始まったかが、その後の関係に大きく影響します。例えば「ゴルフや接待で取った仕事」というのは、関係が続く限りゴルフや接待を続けなければならなくなります。

したがって、こうした営業マンにとって景気悪化などによって接待費を削られるのは死活問題になってきます。まさに「ゴルフの切れ目が縁の切れ目」ということになるわけです。同様に「値引きでとった仕事」の顧客に対してはその後ずっと継続して最低でもその値引き率をキープすることが要求されます。顧客から始めの時点で「値引きしてもらえる人」だというレッテルを心の中で貼られてしまい、ここから抜け出すのは至難の業だからです。この例からわかることは、相手が自分を見る目が始めの時点で確定するということで、これを変えることは非常に難しくなります。

友人関係でも同様で、じわじわと始まった関係は、（突然すぐには終わらないという点で）じわじわと継続する可能性が高いかも知れません。また相手が人でなくモノだとしても、例えば衝動買いしたものはすぐに飽きてしまうといったように、「始まりが終わりを決める」という構図は当てはまります。

誰しも時と場合や相手に応じていくつかの顔（やキャラ）を使い分けることがありますが、そうした複数の顔を使い分ける場合でも、大抵の場合は「どの顔で始めたか」がその後の関係に大きく影響し、その顔は関係の間中キープされ、それがうまく維持できなくなった時が「終わり」になるという点でも、これまでの他の事例と類似しているとも考えられます。

同じように、衝動買いしたものは往々にしてすぐに飽きてしまうし、瞬時にブレークした芸人はすぐに消えていき、初めはちっとも売れなかったのに、じわじわと売れてくる商品は息が長く続くことが容易に想像できます。

熱力学の世界では物質ごとに「比熱」という特性があり、「熱しやすさと冷めやすさ」はその物質ごとに決まっています。例えば摂氏〇度での比熱は、水なら約四・二、木材は約一・三、鉄は約〇・四といった具合です（数値が小さい方が熱しやすく冷めやすい）。つまり「熱しやすさと冷めやすさ」は基本的に物質によって決まっていて、熱しやすいものは必ず冷めやすいのです。この特性を利用して、鉄は鉄なりの、水は水なりの使い方をするというのはこれらの材質の身の回りの様々な用途を見ても明らかでしょう。

さらにこの話を応用してみれば、あれこれ興味を持って様々なことに手を出したり勉強したりするのが好きな人はやめるのもすぐにやめてしまう（から、次のことに興味を持つ時間や余裕ができてくるというサイクルに入る）という「飽きっぽい」側面が必ずあります。

そう考えてくると、「自分は何事も長続きしない……」という悩みも裏返せば「次々と新しいものにチャレンジできる」と考えることができます。実は「新しいことに挑戦することを継続してやっている」と見れば、「終わり方」では一見短所に見えることは「始まり方」として長所に変えることができます。

同様に、「いろいろと考えてすぐに始められない」という「始まり方の短所」は、「粘り強くなかなかやめない」という「終わり方の長所」に変えてしまうこともできます。

こう考えてくると、冒頭に挙げた二つ目の言葉、「始めよければ終わり（あるいは全て）よし」にも「もう一つの意味」があるようにも思えます。大抵の場合この言葉の意味するところは、準備段階の段取りをうまくやって好スタートを切ればそれが最後まで続くといった意味で、単に「準備やスタートの重要性」及びスタートの良さの「継続性」を語るために用いられることが多いですが、それに加えて、始まり方と終わり方の「相関」を意味し、どんな形であれうまく始まったことはうまく終わることができるという解釈もできるのではないでしょうか。例えばスムーズに立ち上げられた関係は、スムーズに終われる関係を意味するということです。

始まり方で終わり方が決まります。何事においても、何気なくスタートを切る時でもこのメカニズムを意識しておくことは、いざ始まったことのその後の進め方を考える上で重要と言えるでしょう。

3　遠くのものの方がありがたい？

「感謝の気持ちを忘れない」
「約束を守る」
「ポジティブに物事を考える」
「目先のことだけでなく先を読んで行動する」
「継続に意味がある」
……

たいていの自己啓発の本や研修、講演会でのキーメッセージは、突き詰めれば限られたいくつかのシンプルなメッセージに集約されます。ところがこうしたメッセージ、よく考えれば子供の頃から、親や学校の先生に耳にたこができるほど聞かされたことではないでしょうか。

ではなぜ大人になってから、わざわざお金を払ってまでまた同じ話を聞いたり本を読んだりするのでしょうか。どうも人は「遠くの人」のアドバイスに、より耳を傾けるようです。親よりは親戚、親戚よりは学校の先生、学校の先生よりは塾の先生のアドバイスの方を聞くといった具合です。また日本人は昔から「外圧」に弱く、同じことでも「欧米ではこうやっている」等と言われると、妙に説得されてしまうものです。

またビジネスの世界でも、社内の人間がいくら言っても説得力がなかったことを外部のコンサルタントが言うと、なぜか説得力が増してしまうことも少なくありません（実はコンサルタントの活用の仕方の一つがこれです）。そう考えてくれれば、親や先生に何百回も言われたことなのにもかかわらず、また「会ったこともない「遠く」の」海外の有名人の話を聞いたり海外の著者の本を読んだりすることにお金を出すのも、十分うなずける話です。

さらには「いま生きている人」よりも「昔の人」（それも古ければ古いほどありがたみがある……シェークスピアや孔子、孟子等）の発言の方が価値がありそうに見えるというのも、時間が「遠い」という点で同じ原理なのかも知れません。

つまり「遠くのものの方がありがたい」というのは、旅行話やおみやげの世界だけではないのです。

新しいアイデアを生み出すときのポイントも、同じところにあります。

人間は年齢を重ねてくると、遠出が億劫になる等ついつい「身近なもの」で済ませようとします。これは必ずしも肉体的な年齢だけでなく、「その道何年」といった専門領域での経験を積み重ねた場合の「経験年齢」でも同じです。

「頭の使い方」に関しても、経験や知識を積み重ねるにつれて「身近にあるもの」で済ませようとするのです。これが「頭の固さ」の一つの原因になります。身近な世界だけで考えていれば楽だからです。

創造的なアイデアも、そのほとんどは既存のアイデアの組み合わせである、とはよく言われることですが、そこには一つポイントがあります。それがまさに「遠くのものほど価値がある」ということなのです。

例えば新しい商品のアイデアを探すのであれば、業界の中だけでアイデアを求めてもしょせんは既存の商品の延長線上にならざるを得ませんが、「遠くの世界」を活用すれば、既存のものの組み合わせでもこれまでになかったものが生まれます。

「頭の固い人」は他業界の事例を、「業界が違うから当てはまらない」とすぐに真っ向から否定しますが、「頭のやわらかい人」は逆に「全く離れているものを結びつけたら何が起きるだろう」と考えます。それがうまくつながった瞬間に、新しい発想が生まれるのです。真面目な話をしているときに「不真面目な」話をされると、不愉快な反応をする人と面白がってのってくる人がいますが、これも「遠くの話」に普段からいかにアンテナを張っているかの一つの目安になるでしょう。

「回転寿司」のアイデアのヒントはビール工場の製造ラインから、マジックテープのアイデアはオナモミ（草むらでセーターにくっついてくる植物）から来ていると言われています。ニュートンが「リンゴが木から落ちる」のを見て、それを「月と地球の関係」に結びつけた（万有引力の法則）のは（正確な真偽のほどはともかく）有名な話ですが、これも「リンゴと月」という、「遠くのもの」を結びつけた発想の例です。

したがって、新しいアイデアを出すためには二つのことが必要です。とにかく幅広い経験（趣味や遊びや旅行等）をし、自分から「遠い世界の」情報を普段から仕入れるとともに、それらを「無理矢理つなげてみる」ことです。

「遠くのもの同士」を結びつけるほど、価値あるアイデアになる可能性が高くなってきます。真面目な話をしているときに不真面目な話や、一見関係のない話をされても、それが「脱線」なのかどうかは後で決まることなのです。

4　気づいた時点で解決している

先日イギリスで、自転車でナビを使って目的地まで最短距離を行こうとした人が、「ナビの指示通り」高速道路に混雑時に「進入」してしまい、問題になりました。この件に関する報道では最後に、「ナビを使う際には「常識」を働かせましょう」という働きかけがされていましたが、恐らくこの言葉の効果はほとんどないでしょう。

なぜなら、「非常識」な行動をする人のほとんどは、それが「非常識」であることに気づいていないからです。だから普段から「常識」を持って行動している人は、この言葉を聞かなくても常に常識を働かせているし、普段から「常識」を働かせていない人は、この言葉を聞いてもそれが自分のことだとはゆめゆめ思っていないのです。したがって、「常識を働かせましょう」と言われて、「しまった、明日から常識を働かせて行動しよう」と思う人はほとんどいないことになります。

同様に職場でよく聞く言葉に、「頭を使って仕事をしろ」とか「少しは自分で考えろ」といったものがありますが、「頭を使え」と言われただけで「頭を使う」ようになる人もほとんどいないでしょう。そう言われている人は、自分が「頭を使っていない」とは思っていないからです。

これらの話のポイントは「気づき」の重要性です。「ああ、酔った酔った」と言っている酔っぱらいと、はたから見ればどう見ても泥酔しているのに「まだ酔ってない！」と豪語する酔っぱらい、さてどっちが「たちが悪い」でしょうか？

つまり私たちの身の回りの問題や課題に対して、以下の三通りの人が存在するということです。

①本当にできている人
②できていないと気づいている人
③できていないことにすら気づいていない人

これは、全ての領域で①の人がいるとか、全ての領域で③の人がいるという意味ではなくて、私たち個人個人でも各々個別の問題によって、自分が①に入る場合もあれば、③に入ってしまっている場合もあるということです。

これを別の切り口から見て、身の回りの事象を問題になっているかどうかで分類すると大きく三つに分けられることになります。

①「本当に問題がない」解決済の問題
②「問題だと気づいているが解決していない」未解決の問題
③「問題だということにすら気づいていない」未発見の問題

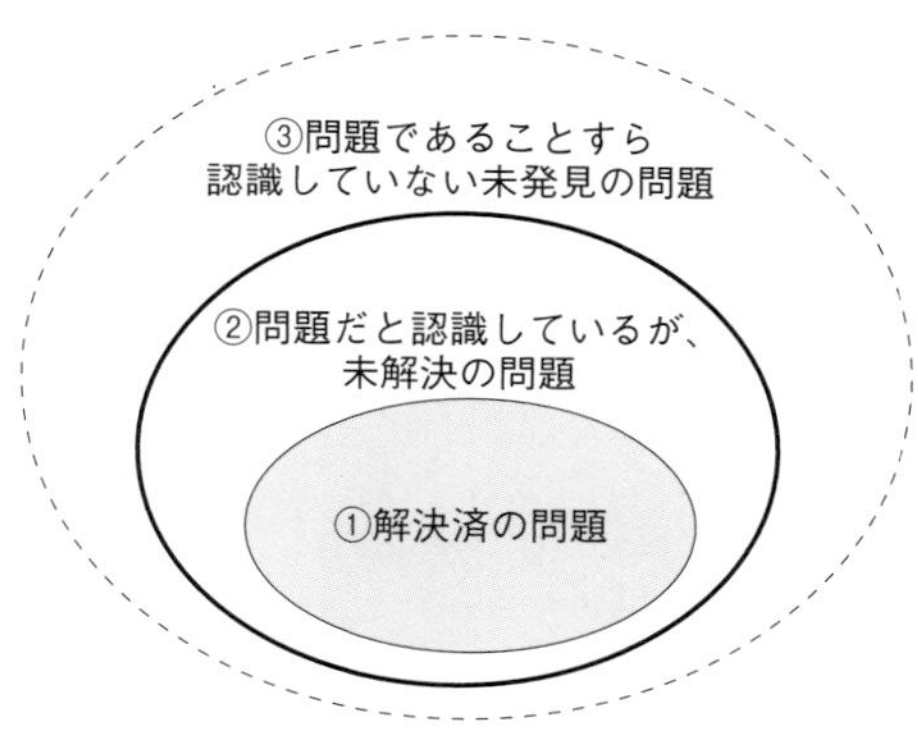

これを図にすると上図のように表現することができます。

③の領域の外側を点線にしてあるのは、未発見の問題というのは無限に存在しうるからです。

一般的に②の状態を①の状態に持って行くことを問題の解決、③の状態を②の状態に持っていくことを問題の発見といいます。いわゆる「気づき」というのは問題の発見のことです。

冒頭の例からもおわかりのように、圧倒的に根が深く難易度が高いのは問題の発見の方です。「問題は見つかってしまえば解決したようなものだ」という言葉がありますが、そこにも表れています。

本書のテーマである「頭のやわらかさ」というのが、これに関連してきます。試験の問題ができたり、難関大学を卒業したりしていても、本書の定義で言えば「頭の固い」人はたくさんいます。なぜならそういう人たちは「問題解決」が得意なだけであり、それは必ずしも問題の発見が得意なわけではないからです。

では、どうすれば普段から「頭をやわらかく」した状態にできるのでしょうか?

前ページの図にヒントが隠されています。私たちは知らず知らずのうちに、一番外側の③の領域が存在し、しかもそれがとんでもなく大きいということを忘れてしまっているのです。

自分のいままでの考え方では理解できないものを見た時や、失敗した時などには、必ず自らが気づいてすらいない未発見の問題が隠されている可能性があります。そんな場合に③の領域を意識しておくことで、そこに何らかの気づきのきっかけが得られるでしょう。

5　「単純に考える」方が、実は大変？

「人間は考える葦である」という言葉で有名なパスカルは、ある友人に出した手紙の最後で「今日は時間がなかった為に、このように長い手紙になってしまったことをお許しください」という趣旨の言葉を残しています。

彼は「時間がないから短い手紙しか書けなかった」のではなく、「時間がないから長い手紙しか書けなかった」と言っているのです。これは一体どういう意味なのでしょうか？

ここには哲学者であり数学者であって「究極まで考えること」を職業としていたパスカルならではの、「考えること」に関してのシンプルなメッセージが込められていると言えます。ここでは、このメッセージの意味について考えてみましょう。

例えばあるトピックについて（歴史上の人物とか科学上の発見とか……）レポートを書かなければならないときに、「一〇〇ページのレポート」と「一ページのレポート」、一体どちらの方が書くのが難しいでしょうか？　もちろん状況や人によって答えは違うでしょうが、普通に考えると一ページの方が簡単そうに思えるでしょう。これが「本当にそうか？」と考えさせられるのが、このパスカルの言葉です。

一〇〇ページのレポートは一ページのレポートの一〇〇倍の情報量が必要ですから、知識量や情報収集の手間という観点で考えれば、一〇〇ページの方が「一〇〇倍大変」ということになります。

逆に一ページのレポートは、大きく二通りの取り組み方が考えられます。一つ目は、一ページ分だけ情報収集をして、それをレポートに落とし込むことです。これだけなら明らかに一〇〇ページのレポートよりもはるかに楽ができます。

対する二つ目のやり方は、一〇〇ページのレポートを作成するのと同じくらいの情報収集をした後に、「要するにこれはどういうことなのか？」という、それらの膨大な情報から読み取れるキーメッセージや自分の見解を突き詰めて考えるとともに、再構成してシンプルなメッセージとして集約した結果を一ページにするというものです。

この二番目のアプローチを取るとすれば、明らかに単に一〇〇ページ分の情報を「羅列した」一〇〇ページのレポートよりも、「究極のまとめ」としての一ページのレポートの方が頭も使うし、時間もさらにかける必要があると言えるでしょう。

別の言い方をすると、一〇〇ページのレポートには知識は必要でもまとめる能力と時間はいらないが、一ページのレポートには知識量に「加えて」まとめる能力と時間が必要になるということです。

これは、「一のアウトプット」をするのに「一のインプット（情報収集）」をして「そのまま」アウトプットすること（人に聞いたことを鵜呑みにしてそのまま受け売りするというのがこの状態です）と、同じ一のアウトプットを出すために一〇〇のインプットをし、そこに込められたメッセージを自分なりに解釈し、再構成した結果として徹底的に絞り込んだアウトプットを一出してくることとの違い、と表現することができます。前者が「短絡的」あるいは「深く考えない」という状態を表し、後者が「単純に考える」という状態を表します。

同様に、面接等で自己紹介をするときに、「一〇分で説明する」のと「三〇秒で説

かれこれ1時間も
何怒られてたの？
「どんな話でも5分にまとめる
技術を身につけろ」だって…

明する」のはどちらが難しいかという問題も上と同じになるでしょう。「自分についての知識」は十分あるでしょうから、一〇分ぐらいのネタには困らないでしょうし、逆に「要するに自分はこういう人間だ」と短時間でインパクトのある説明をするのは、相手や目的によって違う説明が必要だし、究極に特徴を絞り込んで研ぎすまされたベストの言葉を選択することが求められます。

　このように「単純に考える」ことは、複雑で膨大な情報を「再構成する」処理が必要であることが、冒頭のパスカルの言葉とつながるのではないでしょうか。

　よく「単純に考える」と言うと、「深く考えない」と同じだと誤解する人がいますが、実はここには大きな違いがあります。ここまで述べたように、「単純に考える」ことでシンプルなアウトプット（レポートやプレゼンテーション）をするためには、収集した膨大な情報を基にして、「要するにこれはどういうことなのか？」ということを徹底的に考え抜くことが求められるからです（「深く考えない」は「単純に考える」ではなく「短絡的に考える」とでも言えます）。

「やわらかい頭」とは知識を再構成する力のことであり、単に知識を膨大に有していることとは、全く違う能力が求められます。「博識である」ことは、もちろん知的な能力として尊敬に値するものの、「考える力」とは直接関係ないばかりか、状況によっては逆に焦点がしぼりにくくなる可能性があるという点で、「頭が固くなる」危険性もはらんでいます。

時にはあえて、知っていることを全て語らずに究極にシンプルに表現してみることが、頭の使い方のトレーニングとしても有効になるでしょう。

6 みんな「自分は特殊である」と思っている

「相違点と共通点を見極める」、そして「ものごとの共通点を見つけて関連づける」のは人間の思考の基本です。言葉や数字という、人間がものごとを考える上での最高の「ツール」は、個別の事象の共通点を見つけて、それらを「同じと見なす」ことが基本になっています。

ここでは、このような思考回路を阻害する要因について考えてみます。それは、「自分は特殊だ」と考えてしまう人間の習性です。どうも私たちは、他人が客観的に見るよりも、自分自身のことを特殊だと考えてしまう傾向があるようです。例えば、同僚などがうまくやっている話を聞かされた時に、「自分の場合は事情が特別だ」と考えたり、本を読んでも「教科書的な一般論はわかるけど、自分のような特殊なケースには当てはめにくい」と考えたりしがちです。特に他人から「こうしたらいい」など指摘されると、「自分の場合は違う」と感じて反論したくなる性質があるようです。

これは、自分自身という「個人の問題」のみならず、会社等の組織やそれらの集団としての「業界」というレベルでも、同じことが起こっているように見えます。「自分の会社は特別だ」とか、「自分の業界は特殊だ」というのもよく聞かれる言葉ですが、これも第三者が客観的に思っている実態以上に、当事者は強く思いがちです。

さらに皮肉なことに、この傾向は一つの会社しか経験していない人や、一つの業界しか経験していない人の方が強いように見えます。「○○は特殊だ」というのは、最低でも三つや四つのサンプル、理想的に言えば一〇以上のサンプルは見てみないと本当は言えないと思いますが、逆に経験しているサンプル数が少ないほど、そう思ってしまう傾向があるのです。

初めて訪れた国で会った人との特殊な経験から、「○○国の人は××だ、日本人とは全く違う」という印象を持ってしまうことがありますが、逆にその国の知り合いが増えてくると、「意外に、日本人との違いは少ない」と感じてくるというのも同じよ

うな例でしょう。
「自分自身」や「自分の経験」というのは、一般化するのが最も難しいものなのです。なにしろ「自分自身」というのは、どうがんばっても「一生で一人分」しか経験できないですから。

この傾向を逆の立場で考えてみると、私たちは他人の話を聞いている時には、相手の話をかなり一般化して聞いてしまっている可能性があります。これは日々のコミュニケーションで、肝に銘じておく必要があります。特に相手の悩みや愚痴を聞いている時には、要注意です。

上司の愚痴を言っている相手に対して、

「それって、○○さんも同じようなこと言ってたよ」とか、「よくある上司と部下の関係の悩みだよね」と一般化した言い方をすると、「いやいや私の場合はそうじゃなくて……」とか、「あの人（上司）は特にひどいんですよ……」などといった反応が返ってくることが多いはずです。

したがって、人間関係を円滑にするためにも、相手は（自分自身と同じように）「オンリーワンの特殊な存在」だと認識して、「それはあなたにしかできないですね」とか、「そんなにひどい話は初めて聞きましたよ」とまずは受け止めて、その上で「一般化」して考えてみることが必要です。

ただ、常に「一つ一つが特殊だ」という認識に立ってしまうと、そこで思考は停止してしまいます。例えば本を読んで、そこに書いてあることから学びを得ようとすれば、必要になるのは「自分との共通性」を見つけることになりますが、そこで「これは特殊なケースだ」とか「自分には当てはまらない」と思った瞬間に、学びや気づきがなくなります。「実は自分にも同じことが当てはまるのではないか」という姿勢になって初めて、何らかの気づきにつながっていくのです。

相手のことは意識して「特殊な存在」だと考え、逆に自分自身のことは意識して

「他者と同じ」だと考えてみることで、コミュニケーションを円滑にすると同時に、自分自身の学びも得られることになります。

「『自分は特殊だ』と考えてしまうという一般性」を普段から十分に意識し、一般化と特殊化をうまく使い分けていきましょう。

7　「自分中心」からの脱却 ——自分に合わせさせるか、相手に合わせるか

自分の理解できないものを見たときにどう反応するか、大きく二つの考え方があります。単純に言えば、「相手を自分に合わせさせる」つまり、相手の考え方を変えさせようとするか、「相手に自分を合わせる」つまり、自分の考え方を変えて相手に合わせるかの二通りです。

ここで「相手に合わせる」というのは、単に「自分の方が正しいと思うが、ここは納得できないながらも相手に妥協して従おう」というのではなく、あくまでも「考え方」を変えて、そちらの方が良いと思える考え方に変えてしまおうということです。

このような状況が起きる可能性があるのは、例えば「最近の（若い）人は……」と言いたくなった場合に多いかもしれません。


「大事な用件を、電話でなくメールで言ってきた」

「食事中に（あるいは歩きながら）、スマホをいじり続けている」

「会社の飲み会よりプライベートを優先する」


などなど、思い当たることがあるのではないでしょうか。

よくある反応は、一刀両断、つまり「けしからんから考え方を正してやる」というものです。ここにあるのは「自分の考え方が絶対的に正しい」という前提です。「だから間違っているのは相手の方だ」というのが当然の結論になってしまいます。

ところが様々な価値観というのは、時代とともに変化するもので、絶対的に正しい価値観とか間違っている価値観というのはほとんどありません。

例えば「大事な用件を、メールでは失礼」という常識について言えば、ICT（情報通信技術）やスマートフォンの急速な普及によって、「メールで済むならメールで済ませて欲しい」という人の割合が増えてきているようです。むしろ「何でわざわざ（こちらのペースを乱すかもしれない）電話なんかしてくるんだろう」と考える人も多

今の若者の価値観を
理解してみたいから、
君たちの合コンに参加させて
くれたまえ！

くなっています。

まさに、「常識が逆転」しつつある現象と言えます。これは「最近の若い人は……」と言いたくなる場合全般に当てはまる現象です。つまり、「様々な時代の変化による人間の行動の変化で、まだ主流になっていないこと」なのです。

例えば他にも、「言葉の乱れ」や「マナーの乱れ」が目立ってきたと言われます。しかし、そもそも「乱れ」というのは、何らかの変化を否定的にとらえた場合に使われる言葉です。言葉もマナーも「乱れ」なければ、何百年も前から一切変わることがなかったはずです。ところが実際には、大きな変化がもたらされていて、昔の言葉やマナーについての知識を持っている人は「○○時代の××の専門家」として尊敬される存在になります。こちらの方が少数派になるという皮肉な事態ですね。

ビジネスの場面で言えば、「おかしな顧客」からのクレームに対してどう対応するか、という問題があります。例えば「想定していない使い方をした結果のクレーム」や「値段以上の期待をしていることによるクレーム」などが来た場合、通常はこのような「特殊な」顧客や意見は「非常識な少数派」として無視されます。こういうケースに真面目に取り合っていては、いくら時間があっても足りませんから、これはある意味適切な対応と言えます。

ところが、実はこのようなクレームの中に、アイデアの芽が隠れていることがあるのです。したがって、例えば次世代の新製品を開発するような時には、「わがままな少数派」の意見が正しいという前提で、製品やこちらの発想を変えてみようというのが、新しいものや価値観を生み出すために必要な考え方です。

重要なのは、「正しいか、間違っているか」という個々の選択肢の視点ではなく、「違う価値観を持ったら、結論が正反対になるのではないか」という「考え方」のレベルで物事を見てみるということです。

時代の変化は、たいていの場合「特殊なケース」から始まります。このような時に、いつまでも「自分の価値観を標準」と考えていると、変化に取り残されて、いつの間にか自分が「恐竜」になってしまうことになります。

もちろん「時代の変化によっても揺るがない哲学」を持っていることは重要ですが、それに加えて柔軟に変化させられる考え方のバランスが重要です。「コアとなる哲学」と「柔軟な価値観」を組み合わせて持っているのが理想の姿かと思いますが、私たちはついつい確固たる哲学でもない「凝り固まった価値観」で事象をとらえてしまいがちです。

「間違っているのは自分ではないか？」という考え方がまさに「頭のやわらかさ」につながっていきます。

「自分が正しい」という前提で物事を見ていると、基本的に自分の考え方にも進歩はないし、新しい発想は出てきません。「おかしい」「失礼だ」「やめさせたい」「正したい」と思ったときに、「おかしいのは自分の考え方の方ではないか」と常に考えてみることが「やわらかい」新しい発想につながっていきます。

第2章
「物理の法則」は、人間にも当てはまる

私たち人間は生命体として存在するのみならず、そこに「心」があるという点で天体や石等の、自然にある無生物とは大きく異なっています。これはある意味、あまりに「当たり前」の話だと思っているかもしれません。

もちろんこの考え方は概ね正しいのですが、前章の最後で述べたように、そもそも「自分だけは特殊だ」という発想は、「人間だけは特殊だ」と考えることと一緒という見方もできます。

本章では、前章での「自分だけは特殊だ病」からの脱却のきっかけとして、「実は人間の行動パターンは、無生物と同じ原理で動いているのではないか」という仮説を置いて、人間も様々な物理現象にしたがって動いているという前提で様々な行動を説明してみようと思います。

そこで出てくるのが、学生時代に習った「物理学の法則」です。私たちは暗黙の前提として、物理学や数学等の「理系の学問」は人間以外の自然現象を対象としていて、社会学や心理学等の「文系の学問」は人間を対象としているという区別で、これらの学問を学んできたのではないでしょうか？

ここでは改めて「人間活動も自然現象の一部である」という前提に立って、「人間以外のもの」に当てはまるはずだった物理学の法則が、実は人間世界の現象にも面白いように当てはまっていることを見て行きたいと思います。

これによって、第1章で挙げたような「自分だけは特殊だ病」の症状に気づき、これを克服するためのきっかけとすることができるのではないかと思います。

学校で習った物理の法則など、技術者にでもならない限り日常生活では役に立たないと思っていた人がほとんどだと思いますが、本章を読み終えれば、それらが人間の行動の多くの部分にもあてはまっていることがおわかりいただけるでしょう。そうすればまさに物理の法則と同じように、ある事象のメカニズムを理解し、その次に何が起こりそうかという予測ができるようになります。

せっかく学んだ物理の法則をぜひ、骨までしゃぶってみましょう。

1　物理的世界と精神的世界

人間の頭脳の優秀なことの一つは、身の回りに起こっている物理的なことをすべて精神世界でも同じように再現しているところと言えます。「カラダの世界」と「アタマの世界」の二重性と言ってもよいでしょう。

例えば、以下の動詞を見て下さい。

「投げる」（あきらめる）
「骨を折る」（苦労する）
「煙たい」（気詰まりだ）

これらは、もともとすべて「物理的に」形あるものとしての表現であったものを、「心理的・精神的」な状態（括弧内の意味）の表現としても用いています。これらは何らかの形でのたとえ、隠喩であり、メタファーとも言われます。

改めて考えてみると、私たちが体を動かして行う行為や物理的な状態を表す言葉のほとんどが、心理的・精神的な状態の表現のメタファーとして同じように用いられています。これは上記のような単なる動詞表現のみならず、以下のようなことわざや慣用句にも多数用いられています。

「水は低きに流れる」

「覆水盆に返らず」

「危ない橋を渡る」

これらはすべて身の回りの物理的現象や経験が、そのまま心理的・精神的な状況への「教訓」となっているものです。このように、物理的な現象を精神面への教訓とする例は、まだまだたくさんあり、様々な気づきを得ることが可能です。

例えば「距離感」という表現があります。実際の人間同士に用いれば、もちろんこれは物理的な距離を意味することもあれば、「心理的な」距離を意味することもできます。

物理的な距離が切実な問題として重要になる一つの例として、ボクシングが挙げられます。ボクシングから学べることは、一番危ないパンチを食らうのは、相手と離れているときでも、また逆に思い切り近づいているときでもなく、「中途半端に近づいた」状態の場合が多いということです。

これを心理面に応用しても、同じようなことが言えるのではないでしょうか。「距離が遠い」人からパンチ（批判や非難等）をされても届かないし、軽く受け流すことができます（そもそも本当に遠ければ相手もパンチを出す気にすらなりません）。逆に文字通り「懐に飛び込む」程度に思い切り近づいてしまえば、逆にこちらもパンチを浴びることはありません。

相手からの「心理的パンチ」を一番浴びるのは、「不用意に中途半端に近づいた」（例えば、十分親しいと思って立ち入ったことを聞いてしまったり、十分に相手の交友関係を理解しているつもりで、共通の知り合いである第三者の批判をしてしまったりという状況）ときです。この例などはまさに「物理的な状況」と「心理的状況」が同じ構造であることを示しています。

先の「水は低きに流れる」というのも、物理的には重力のなせる現象ということができますが、心理的状況に応用するならば、「人間は放っておけば楽をする方向に自然に流れて行く」という特性が導かれるでしょう。

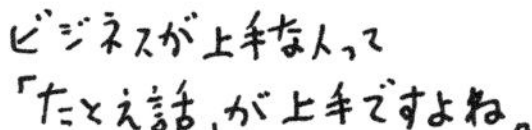

一度低きに流れてしまった水は、自らの力だけでまた高いところまで上るのは不可能で、誰かがくみ上げるとか、道具を使うとか、何らかの「外力」に頼る必要があるという物理的な解決策も、心理的状況に応用することができます。

人間の行動にも「できれば楽をしたい」という重力のような力が常に働いています。したがって、仕事でも勉強でも自然の流れに任せればより楽な方向に常に流れて行きます。一度楽を覚えてしまった状態から苦しい状態にもどすには、自らの力だけでは不可能に近いので、「誰かに手伝ってもらう」とか「道具の力を借りる」といった物理現象での解決策に近いことをやる必要があります。

ダイエットにもこの構図が当てはまります。体重が増えていくというのは、「水が低きに流れる」という状態ですから、改めて元にもどすには、「外からの力」つまり何らかの努力が不可欠であることがわかるでしょう。

近年では同様の構図が、物理的世界とインターネット等の「バーチャルな」世界との間にも広がっています。リアルな店舗からバーチャルな店舗へ、そして「口コミ」も物理的な「口」がないネットでは、むしろ量もパワーアップされてスピードも加速されたソーシャルメディアで実現されています。

セキュリティのための「ファイヤーウォール」（防火壁）やネットショッピングにおける「買い物かご」等、実世界からのたとえが用いられている例はＩＣＴ（情報通信技術）の世界では他にもたくさんあります。これらの開発や運用等も実世界でのノウハウを役立てることが可能です。

このように、もともと人間が営んでいる物理的な「目に見える」活動を、様々な「目に見えない」活動に展開して実質的に「世界を広げて」行けるのが人間の知的能力の優秀性といえます。別の言い方をすると、人間の「イマジネーション」の発揮の仕方の大部分は、このような「物理的な現象」にヒントがあります。新しい発想のネタに困った場合には、身の回りに起こっている物理的な現象を「概念に置き換えてみる」ことが、有効な手段の一つとして活用できます。

この本のタイトルの「やわらかい頭」という表現もまさに物理的世界の形容詞を「アタマ」に応用したものです。一般的に体は年とともに硬くなっていきますが、さてアタマについてもこの物理的な法則が同じように当てはまるのでしょうか?

2　作用反作用の法則

巷でこんな声をよく聞きます。

「最近のテレビ番組はくだらないバラエティばかりだ」

「うちの部下はまともに報告や連絡もできない」

「役所の人はすぐに『何かあったら』と考えて、新しいことや与えられた自分の役割以外のことを一切やろうとしない」

「政治家は国全体のことを考えず、自分の関連団体の利益だけを近視眼的に考えている」

……

これらの言葉の背景に共通して見える構造があります。それが今回のキーワードである「作用反作用の法則」です。

中学生の理科の時間に習ったのを覚えている人も多いでしょう。私たちが壁をある力で押すと全く同じ力で壁も私たちを逆向きに「押し返して」いるという「運動の第三法則」という力学の基本的法則です。

これはもちろん物理学の法則ですから、基本的に「物体と物体」との関係性を表したものですが、「人間同士」にも同じような関係性があるのではないかというのが、今回のテーマです。

ここで冒頭の言葉に話をもどすと、これらの言葉には「言っている側」と「言われている側」という大きく二種類のプレイヤーが各々に存在することがわかります。

「テレビ局と視聴者」「上司と部下」「役人

と納税者」「政治家と有権者」という構図です。先の言葉は全て、これら二者の片側からもう片側への一方的な批判です。ところがよく考えてみれば、批判されている側のそうした状況を作り出したのは、結局は他ならぬ批判している側だったりするのです。

例えば、テレビ番組が「くだらないバラエティ」ばかりになるのは、それが一番視聴率を取れるから、言い換えれば視聴者が望んでいるからです。一方的に提供者側が悪いかのような言い方になっている論調でこの言葉は語られることが多いですが、視聴者を無視して一方的に番組を提供し続けることはあり得ません。

続いて二番目ですが、「報告も連絡もできない部下」を作っているのは他ならぬ上司自身である可能性が高いことを、こういう発言をする上司は全く認識していません。コミュニケーションは必ず双方向で行われるべきものです。「報告や連絡が来ない」というのは、もちろん部下にも原因があることは間違いありませんが、その部下に対しての働きかけの仕方が悪いからこうなってしまうのです。

部下の立場に立って、報告や連絡を進んでする気にならない原因を考えてみましょう。最も考えられる理由は、報告や連絡をしても特に有益なことがないことです。つまり、上司に話しても、単なる情報収集をしているだけで、何のアドバイスももらえず、アクションも起きないなら、その時間が無駄というわけです。この場合、上司の側は「ダメな部下」を嘆いているようでありながら、実は「ダメ上司」ぶりをさらしてしまっているという非常に恥ずかしい状況です。

他にも考えられる理由としては、部下に対して報告するというアクションを促すアドバイスができていないとか、報告しても怒られるだけだとか、いずれにしてもその原因は上司の側にもあるということです。

続いて「事なかれ主義」の役人のことを嘆く納税者に関してですが、これも、何かあればすぐに「お上のせいにする」という、受益者側である納税者の姿勢が公務員を防御的にしている可能性が高いと言えます。実は原因は批判している側の自分たちにも多分にあるのです。

受益者側が、リスクを取った行動をした相手に報いることをしないで、いざ何かの問題が起こったときにそれを全て相手の責任にすれば、「敢えて新しいことは何もしない方がいい」という姿勢になっていくのは当然の結果です。

同様に、政治家に向けての有権者からの一方的批判というのも的外れと言えます。

民主主義における政治家の行動原理はある意味非常に単純で、「いかに（『民意』の反映としての）票を取れるか」ということにつきます。つまり「短期的かつ表層的な一部の団体への利益を誘導する」という行動パターンになっているとすれば、それがまさに有権者が全体として望んでいることだからです。

誰もみな、自分に関係のない団体への利益誘導は不快に感じますが、自分が利益にあずかる場合にそれを敢えて拒否する人はいません。批判されるような姿勢があるとすれば、他ならぬ有権者の側にもその原因があるのは間違いないでしょう。

この他にも、若者と年配者との関係（「近頃の若いものは……」）や親子関係についても、同じようなことが言えそうです。相手がそうなっている原因を作ったのは多分に「こちら側」でもあるのに、それを一方的に相手のせいにするのは、この「作用反作用の法則」に照らしてみればおかしなことに見えます。

年賀状がたくさん来る人というのは、結局「たくさん出している人」です。同様に、情報収集がうまい人というのは、「人一倍情報を発信している人」ということになるのかも知れません。

このように、人間（のグループ）同士でも「作用反作用の法則」に似たようなメカニズムが働いています。言い換えれば、「相手を変える」ためには自分が変わるのが必須条件ということです。

こう考えてくると、私たちの人生そのものを考えても外部環境との間に「作用反作用の法則」が働いているのではないでしょうか。積極的に世の中に働きかければ、それなりのチャンスが巡ってくるし（失敗も多いかも知れませんが）、消極的な人生を送って、あまり世の中に働きかけなければ、失敗も少ない代わりにチャンスもないという「平穏な」人生になることでしょう。

「自分には運がない」と言っている人の大半も作用反作用の法則から考えれば、結局「つかみに行っていない」だけなのだとも言えるのかも知れません。

3 心のドップラー効果
――近づいてくるものと過ぎ去ったものは見え方が違う

向こうからやってくる救急車と通り過ぎた後の救急車では、同じはずのサイレンの音が違って聞こえます。これが物理学では「ドップラー効果」と呼ばれる現象であることは、学生時代の物理の時間に学んだ記憶がある人も多いと思います。

このように「向こうから近づいてくるものと過ぎ去ったものでは同じものでも見え（聞こえ）方が違う」というのは実は私たちの身の回りにたくさんあります。しかもそれは救急車のサイレンのような物理的現象だけでなく、面白いことに心理的にもそれに近いような現象が存在しているのです。今回はそうした「心理的ドップラー効果」とでもいうべき事象を説明してみたいと思います。

私たち自身子供だった時のことを思い出してみると、子供から見る「二〇歳」と言

ママのおなかにいた頃は
早く外に出たかったけど.
…そんな大した世界じゃ
なかったな…

えば「立派な大人」でした。自分も早く一人前になって「大人の世界」を味わってみたいと思っていたりしたのではないでしょうか。

ところが、自分がいざ二〇歳になってみたら、どれほど自分が「立派な大人」になったかと考えてみても「高校生の時と大して変わっていないなあ」などと感じた経験はないでしょうか？　むしろ二〇代も後半にさしかかってくると、二〇歳なんていうのは「まだまだガキ」に見えてきます。もちろん自分が成長したこともあるのですが、同じ「二〇歳」でも「向こうから近づいてくる前」と「過ぎてしまった後」とで同じものが違って見えるという例とも言えるでしょう。

さらに先を見れば「三〇歳」や「四〇歳」という標識も徐々に向こうから近づいてきますが、これらも二〇歳の時と全く同じように、例えば「四〇歳」と言えば二〇代のときには「立派なおじ（おば）さん」に見えていたのが、過ぎてみたら「意外に二〇代の時からそんなには変わっていないな」と感じたりもします。特に誰からも違いが明確な肉体面よりも精神面に関しては「向こう側」に見えていた時と自分が経験して過ぎ去った後では「実は思っていたのとは違った」と思うことも多いでしょう。

この流れを図解してみると、下図のようになります。

同じように「向こうから近づいてくるとき」と「経験してしまった後」で同じものが異なって見える現象として、新入社員の頃は給料が安くて、「あと一〇〇万円年収が上がったらずいぶん違うよなあ」と思っていたのに、いざ自分がその年収になってみたら「前と一緒どころか却って足りなくなってきた」などという経

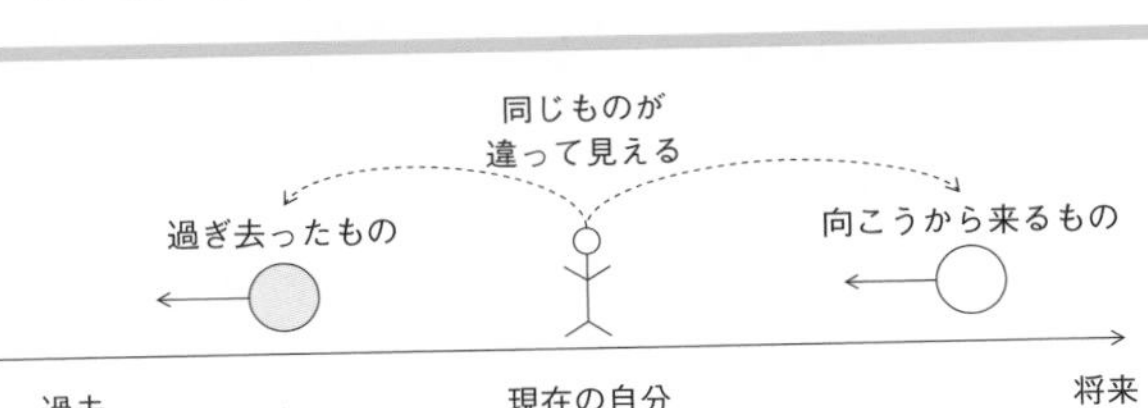

験はないでしょうか？

何かの資格の取得に関しても、取る前は有資格者たちが輝いて見えたのに、いざ自分が取ってしまったら「大したことなかった」と思ったり、会社での昇進についても「下から見ていた印象」と「上から見直した印象」が違ってきたりと、こうした事例には事欠きません。

考えてみるとこのような「これから起きることと既に経験してしまったことを違うように解釈する」という構図は、様々な場面で見られます。

「自然を破壊する都市開発反対」を叫んでいる人の住んでいるエリアも実は昔の自然を壊して作った土地だったり、経済発展のためにこれまで大量に化石燃料を消費してCO_2を増やし続けた国が突如「これから発展してくる」新興国に対して「エコ」を叫んでみたり、核軍備を進めて来た国が「自分たちを追って来る国」には反対したりといった現象も非常によく似た構図と言うことができるでしょう。

これらの事象に共通している構図が「救急車のサイレンの音」と違うのは、「来る前」と「過ぎ去った後」で同じものなのに見え方や聞こえ方が違っていることに当事者が気づきにくいことです。「やわらかい頭」で考えるとは、まずは身の回りの事象を思い込みを排除して客観的に眺めてみるところから始まります。

「思い込み」というのは自分で気づくのが非常に難しいですが、例えばこのように「実は見え方が違っている」という着眼点で自分自身の考え方を観察してみることが「固くなった頭」をもみほぐすためのきっかけとなります。

ただ、考えてみれば、神様はうまく人間というものをそのように作っているのかも知れません。「自分の昔を棚に上げなきゃやってられない」っていうことだって世の中にはたくさんありますから。

4　どんな仕事にも、上流と下流がある

どんな仕事でも、川の流れのように「上流」と「下流」があります。商品やイベント等の企画から詳細な計画、そしてその製作や実施、販売といった仕事や、建築物の構想から設計、施工から完成といった仕事にも、同様に「上流」と「下流」があります。

この流れの中に、共通している構造があります。

上流から下流への流れの、構造的変化のいくつかの側面を示したのが次ページの表です。

この表について、一つ一つ解説していきましょう。

まず、大抵の仕事は、抽象的な理想像やコンセプトづくりからはじまります。理想

像やコンセプトとは、「恵まれない人を助けたい」「世界を相手に大きなことをやりたい」「いままでになかったような建物をつくりたい」といったようなものです。こうしたコンセプトを具体化して行くのが、ほとんどの仕事ということになります。

したがって、上流での成果物というのは確定しておらず、変動要素が大きいために「やわらかく」、かつ「目に見えない」ものになりますが、下流に行くにしたがって具体的になり、それが形になることで「固く」なり「目に見える」ものになっていきます。

ですので、上流に行けば行くほど仕事が非定型で、毎回パターンの異なる「再現性の低い」ものとなり、下流に行くにしたがって定型的で誰にで

上流	下流
抽象的なコンセプト	具体的な実態
「やわらかい」	「固い」
「目に見えない」	「目に見える」
非定型 / 標準化不可能	定型 / 標準化可能
価値がわかりにくい	価値がわかりやすい
成果が時間に比例しない	成果が時間に比例する
一人の産物	集団の産物

も再現可能なものになっていきます。つまり上流側の仕事は、個人に結びついた「属人的」なものであるのに対し、下流の仕事は標準化ができるようになっていくということです。

これはまた、上流での仕事の成果は「価値がわかりにくい」ということも意味します。上流では仕事の評価の「尺度」が異なるために、万人にとって分かりにくいものとならざるを得ません。これに対して下流に行くにしたがって、尺度が絞られてきます。「速さ」とか「容量」とか「値段」といった「数値化可能」なものとなって、万人が同じ尺度で語れるようになり、価値を比較することも容易になっていきます。

ここに、一つの構造的な矛盾が存在します。「特定の人しかできない仕事」と「誰にでも再現ができる仕事」のどちらの付加価値が高いかと言えば、当然前者です（人が高いお金を払ってスポーツの試合や音楽のコンサートを見に行くのは、「その人にしかできない」パフォーマンスを見たり聴いたりしたいからです）。ところが、こうした「上流」の仕事は一般的に万人に理解しづらいために、前述のようなごく一部の世界を除いては収益化するのが難しいのです。

多くの仕事では、こうした上流側の仕事は「無料で」行われて、その代わりにその

今、アイデアをまとめる「仕事中」なのだが、
なかなかわかって
もらえない。
この時間を「有料化」するための
アイデア、誰か考えてくれないかな…

コストをわかりやすい下流の仕事で回収する、という構図で成り立っています。わかりやすく、「見積書」ができる前とできる後という二つのフェーズを比較してみましょう。どちらでお金をもらえるかと言えば、当然見積書ができた後、ということになります。ではどちらに付加価値があるかと言えば、必ずしも見積書ができた後ではなく、どちらかと言うと「見積書ができるまで」であることの方が多いのです。

例えば建物をつくる場合、一番難易度が高いのは「やわらかい」部分、つまり顧客の要望を聞いてそれを形に表し、図面に落として具体的な材料の構成などにしていくところです。ところが大抵の「見積書」に示されるのは、「数値化できる」部材の経費や、施工の作業時間ということになります。上流に行くと、せいぜい「設計料」を取れるぐらいで、それ以上の「相談段階」を有料にするのは至難の業です。

このように、収益化できる仕事というのは、「時間」(人間の作業に依存するもの)や「重さ」(材料等)、あるいは「枚数や字数」(ドキュメント等)で表現できるものですが、実は付加価値の高い仕事というのは、こうした数値に比例しないものなのです(アイデアの善し悪しは、考えた時間に必ずしも比例するものではありません)。

つまり、「紙一枚で一億円」の価値があるというアイデアは、上流の世界では存在しますが、紙一枚で「誰にでもわかりやすく」説明するのは難しいために、結局「分厚いレポート」が高く売れるということになります。

もう一つの上流と下流の違いは、上流は少人数で行うが、下流では集団で行うということです。つきつめればアイデアの最上流は、大抵の場合「一人」ということになります。基本構想やコンセプトというものは基本的に「根っこが一つ」つまり、大元ですべてがつながり、一つの概念となっていなければその後の方向性がぶれてしまい、まとまりがなくなってしまいますから、複数の人がいくら時間をかけても出てくるものではないのです。

インターネットの世界では、アイデアもクラウドソーシングということで、とにかく多数の人間を入れた方がいいという場面もありますが、これも状況次第です。

このように、仕事には上流と下流で評価のポイントが違うこと、そして実際の価値と「売ることができる価値」との間には、常に大きなギャップが存在していることを頭に入れて様々な仕事を見ることで、全体のプロセスを通じて仕事を俯瞰すると、「やわらかい頭」の使いどころを見極めることができると言えるでしょう。「やわらかい頭」で仕事をするということは、「価値を理解されづらい」という点で、ある意味つらい立場になることも多いということです。

5　侵食する側とされる側は決まっている

「覆水盆に返らず」という言葉があります。お盆をひっくり返してこぼれてしまった水は自然に元に戻ることはないということですね。また、熱いお湯を放置しておけば時間の経過とともに徐々に冷めていきますが、逆に放置しているだけで水がお湯になることはありません。このように時間の流れがどちらか一方向にしか自然には流れていかないという関係は、私たちの身の回りで様々なものに見られます。

例えば信号機です。信号機というのは、何かのきっかけで設置されるとそれが撤去されることは滅多にありません。つまり「信号機がある状態」は「信号機のない状態」を侵食し、これは後戻りすることはほとんどないということです。

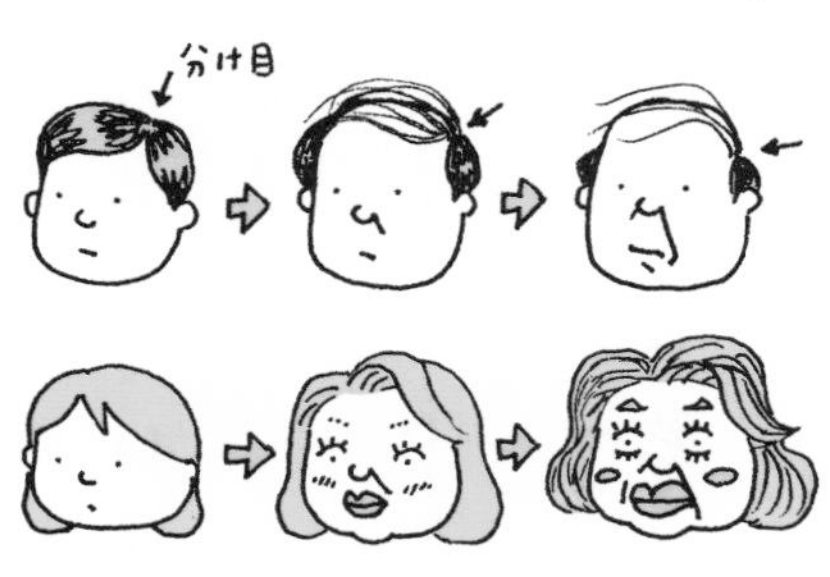

「よかれと思って後戻りできなくなる」。
分け目
髪型や化粧にもよく見られる現象です。

東南アジアの新興国等に行くと、日本では考えられないような交通量の多い交差点に、信号機が設置されていないこともよくありますが、経済が発展するに従って、間違いなく加速度的に増えていくことになるでしょう。逆に、日本は人口も少なくなって交通量が減ったとしても、信号機が著しく減少することはまず考えられません。

このように、新たに設置することはできても、よほどのことがない限り撤去はされないというのは、他にも当てはまる原則です。危ないことへの対策には文句がつけにくいが、それを効率性等の理由で撤去する場合には、「何かあったらどうする?」という心理が働くため、やりにくいのです。

この他にも、「易しいこと」と「難しいこと」の間にも、同様の関係が存在する場合があります。テレビ番組が「くだらなく」なっているという意見はよくありますが、これは、番組の内容が「誰にもわかりやすい方向」に流れていく傾向があるためと考えられます。「わかりやすいこと」と「わかりにくいこと」があれば、多くの人から成る集団では「わかりやすい方」が選択される可能性が高いからです。

こうして世の中はどんどん「万人にわかりやすい方向」に流されて行き、わかりにくいものや難しいものは侵食されていきます。この関係も、一つの集団や社会システムの中では後戻りの難しい「一方通行」のように見えます。

また「ほめる」と「けなす」という行為の関係にも、似たようなことがあります。例えば、何かの作品の批評をする場合、初めの何人かがその作品をほめたとしても、最後の一人が「そんな意見は甘い。実は大したものではない」と言ってしまえば、一瞬にしてそれまでの賞賛が「侵食されて」吹っ飛んでしまうということがあります。逆のパターンで、「けなしのオンパレード」の中で一人がほめたとしても、概ね先のパターンほどにはインパクトが強くないことの方が多いと思います。

　このメカニズムの原因として、

①絶賛していたもの（あるいは人）が、後でダメだと発覚した状況

②こきおろしていたもの（あるいは人）が、後で素晴らしいものだと発覚した状況

を考えると、①の方が、ほめていた人たちとしては恥ずかしい状況になります。②は基本的に結果がポジティブであるために、わざわざ昔批判していた話を「蒸し返される」ことはあまりないのに対して、①の場合は、恥ずかしい状況をつくった「犯人探し」のようなことが起きやすくなるからです。

　つまり、「ほめる」よりも「けなす」方が、選択肢としては「安全側」ということになるために、侵食力が大きくなり、両者に一方通行性があるということになります。

　このように、一見対等に対立しているように見える二つの事象の間にも、実は「侵食する／される」といったように、対称でない関係になっているものがたくさんあります。

　このような二つの事象を注意深く観察することで、ルールや規則は増え始めたら将来的に減ることはないだろう、といった形で世の中の変化の方向性を読むことができ

るようになるとともに、必要以上に「流れに逆らう」ことで余計なストレスをためる（「全くいまは昔と違って……」といったような）ことも、少なくできるのではないでしょうか。

6 「フラクタル」は身の回りにもある――一人の世界と七〇億人の世界

社員五人の会社の社長と社員一万人の会社の社長、どちらが「大変な」仕事でしょうか？　一人の人間が幸せになるのと、七〇億人の人が幸せになるのと、どっちが難しいでしょうか？

普通に考えれば、誰でも「そりゃ大会社の社長の方が大変だし、世界人類の幸せの方が〝何億倍も〟難しいでしょ」というふうに答えるのではないかと思います。

でも、本当にそうでしょうか？

数学の世界に、「フラクタル」という言葉があります。

簡単に言うと、どんなに細部を見てもそこにまた同じような複雑さがあるような図

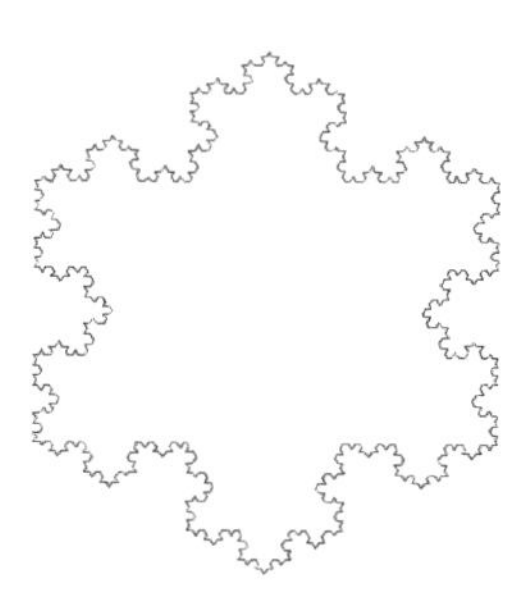

形を言います。これらの中で「自己相似性」つまり、大きな全体像を見ても細部を見ても「同じ形をしている」ものが有名です。これらの例を二つ、上の図に示します。

例えば左側の図で言えば、大きく全体を見ると正三角形ですが、それがさらに一辺の長さが半分の三角形になり、さらにその半分、半分、……と、どんなに小さな領域で見ても同じ形を見ることができます。

右側の図も同様で、マクロレベルの形の一部分が同様にミクロレベルに小さくなっても、同じように複雑な形が続いているという構造になっています。

フラクタル形状として自然界で有名なのは、海岸線です。地図に載っている海岸線はあくまでも「大括り」にしたものであり、ミクロにみていけば一つ一つの岩の出っ張りがあったり、その岩一つ一つも複雑な表面形状をしていたりという点で、同じようなフラクタル性があります。

ここで、冒頭の話題にもどります。

社員五人の会社と一万人の会社では当然のことながら、そこで発生する問題は量も桁違いに違うし、問題の複雑さはさらに各々の要素（従業員やトラブルの数）の「かけ算」で増えていきますから、普通に考えれば後者の社長の方が、文字通り「比較にならないほど」複雑で大変な激務であることは間違いありません。

でも、大会社の社長の方が有利な条件もたくさんあります。従業員が増えれば増えるほど分業化が進んでいきますから、実際には社内の仕事を隅々まで全て把握する必要もなく（もともと物理的に無理です）、大きな全体像を見ておくことの重要性が高まります。またその複雑な仕事も、ほとんどは部下が処理してくれますから、自らは重要な意思決定に集中できます（そのはずです）。また大会社であれば、採用面でも苦労なく優秀な人材を集めることができます。

子どもは
いいよなァ…
大人は
いいよなァ…
どんな年代でも、悩みの
総量はいっしょじゃよ？

人材面のみならず、経営に必要な「ヒト・モノ・カネ」全てにおいて大企業は圧倒的に恵まれていますから、中小企業のように短期の資金繰りのために、社長自らが文字通り「走り回る」ということは皆無に近いでしょう。

出張時の移動に関しても、飛行機はファーストクラス、毎日運転手付きの車で通勤、移動といった形で快適かつ効率的な環境が保証されます。

この状況、まさに先のフラクタルのように、問題の質は違うものの少人数の集団をミクロレベルで見ても、大人数の集団をマクロレベルで見ても、その「大変さ」や

「複雑さ」は同じだと考える見方もできるのではないでしょうか?

全てにおいて、数が多い集団の運営の方が、飛躍的に「複雑で難しくなる」のであれば、「一万人の」大組織のリーダーの「数人の」家族は全て「平和でこの上なく幸福」なはずですが、必ずしもそんなことはないのではないでしょうか? もちろん大企業のリーダーのような人たちは「多忙」なので、「数人の」家族が逆におろそかになってしまうこともあるかも知れません。

このように、一般論としての「優先順位」を確保できる確率は、影響力が大きいと思われる大人数の集団の方が高いと言えます。

ただそうであれば、逆に小さい集団は、「他者(社)の時間やお金、あるいは人の優先順位を確保するのが難しい」という点で、大きな集団より決定的に「難しい」側面も持っていることになります。

こう考えてくると、私たちはとかく一概に「大組織のリーダーはすごい人」と考えたり、逆に「私一人の悩みなんてちっぽけなものだ」と思ったりしがちですが、実は見方を変えると「どの大きさのレベルも複雑さや解決の難易度は同じ」と考えることもできます。

単なる一個人の悩みだって、実は世界平和の実現並みに難しくて複雑かも知れないし、あるいは世界平和の実現だって、遠目に見れば実は非常にシンプルな側面を持っている可能性もあります。こういう観点からも世間の常識と異なる見方をしてみると、会社生活や日常生活が変わってみえるのではないでしょうか。

CHAPTER 3

第3章 「メリット」は必ず「デメリット」になる

「頭のやわらかさへの最大の敵は知識である」と言ったら、皆さんはどう思うでしょうか?

柔軟な発想で次々とアイデアを生み出していく人は、さぞかし「博識」であろうというのが大方の「常識」ではないかと思います。この「常識」は半分正しいですが、半分は間違いです。

一般に若者と年配者とどちらが「頭がやわらかいか?」と言われたら、大抵の人は若者と答えるでしょう。実際そういうことが多いのですが、これなどが「知識が頭を固くする」ことの表れです。往々にして世の中の常識を覆すような斬新な発想をするのは、その道の専門家ではなくて、(他の世界では実績を上げたかもしれませんが)当該領域においては「素人」や「門外漢」と言われるような人たちであることが多いのです。

つまり「知識」という、一見財産と思われるようなものも、柔軟な発想をする上では負の資産となって足を引っ張るのです。

このように、一見プラスに見える事象も別の視点から見ればマイナスに変わります。「頭をやわらかく」するための発想の転換の着眼点というのは、このように一見肯定的に思われていることを全て否定的に捉えたり、その逆をあえて試みてみることです。

長所は必ず短所になり、短所は必ず長所になります。そう考えるだけでも、発想は単純に二倍に広がるのです。特に短所を長所に変えるにはどうすればよいのか？　と考えてみることは「頭の柔軟性を上げる」ための格好のトレーニングになります。

では、それらの例をいくつかお話ししていきましょう。

1 「資産」はいずれ「重荷」になる

資産家と言われる人たちがいます。お金や家、その他の金融資産や不動産等を豊富に持っている人のことです。誰もがうらやむ豊富な資産。果たしてこれらは本当に「持てば持つほどよい」ものなのか、そんなことを今回は考えてみます。

「資産をたくさん持つのも楽じゃない」……時にこんな発言を耳にすることがあります。家のローンに追われ、教育費や家族のレジャー、その他の「ささやかな楽しみ」のためにあくせく小遣いを節約している一般人の身からすれば「一度でいいからそんなこと言ってみたいよ」という話でしょう。それはそれでその通りですが、実は本当にそういう資産家にも悩みがあるのかも知れません。

例えば安全な日本ではあまりその心配はないかも知れませんが、国によってはそのような資産を持っているために、命すら狙われる可能性があります。その危険は本人

のみならず家族にも及びます。

「相続争い」というのも資産がもたらす弊害の最たるものでしょう。それまで平和だった家族が、突然見つかった親戚の遺産を巡って骨肉の争いになるというのは、必ずしもドラマの中の話だけではありません。

さらに「資産」の範囲を金融資産や不動産等の「有形資産」だけでなく、「地位」や「名声」等の、形になっていない「無形資産」にまで広げて考えてみましょう。

「誰もがうらやむ地位や名声を得たい」というのは、「お金を儲けたい」と並んで、人が一生懸命働くための大きなモチベーションの一つとして挙げられます。

ところがこのような「地位や名声」というのもプラスの側面だけではありません。機知に富んだアメリカのコメディアンのフレッド・アレンは「有名人とは、人に知られるために生涯働き通し、その後は人に気づかれないようにサングラスをかける人のことである」という言葉を残しました。様々な意味を含んだ言葉ですが、一生懸命「目立ちたい」と思って働いて行き着いた先が、皮肉にも「目立たないようにする」人生だというのです。

このように、行動範囲が狭まってサングラスをしなければまともな日常生活が送れないというのは、ごく一部のスーパースターだけかも知れませんが、「地位や名声」の負の側面は他にもあります。それは新しいことへの挑戦のハードルが上がってしまうということです。ある領域でそれなりの地位や名声を築いてしまうと、他人からの注目レベルも上がり、失敗もしづらくなってきます。これは新しいことに挑戦する上では大きなマイナスとなります。

ここまで挙げてきたような構図は、個人だけでなく会社などの組織にも当てはまります。会社でいう「地位や名声」というのは会社や商品の「ブランド」に相当します。有名ブランドというのは、よくも悪くも「イメージが多くの人の間で確立している」

ことを意味します。したがって、一度確定してしまったイメージを壊して新しいことにチャレンジすることが難しくなるという皮肉な側面も持っています。

また、このような有名な会社に入社してくる人材も、ブランドを目当てに入社してくる人が多くなりますから、当然起業家精神は薄れ、会社としても「守りに入っていく」姿勢が強くなっていきます。

この時点で、経営者が「挑戦する人材が欲しい」と言ってももはや手遅れです。苦労して手に入れたブランドが、負の効果となって重くのしかかってしまっているからです。

このように、苦労して手にした資産が、ある時点から負の効果を持ち始めてしまうという構図は、専門知識などの「知的資産」にもそのまま当てはまります。

一つの領域の専門家としての地位を確立してしまった人は、別の領域にチャレンジすることが難しくなります。なおかつ、専門領域で新しい主張をする場合でも、それまでの蓄積が大きすぎると、なかなかそこまで積み重ねてきたことと矛盾することを言ったりやったりすることが難しくなっていきます。それはある意味で、それまでの

「自己否定」につながるからです。

そういう場面では、むしろ全く「しがらみのない」素人の方が、優勢になることも十分考えられるのです。これが知識の世界での「資産のジレンマ」です。特にこれは変化が激しい時代に顕著です（金融資産も株価や為替レート次第で、紙くず同然になるリスクがあるという状況と同じです）。

つまり、新しいことに挑戦したり、新しい知を生み出す場面においては、専門家が必ずしも有利とは限らないのです。「やわらかい思考」を生み出すためには「知識」は「敵」にも成り得ることは、肝に銘じておく必要があるといえるでしょう。

2 「成功」の反意語は「失敗」か？
――両極端か中庸か

・「成功」の反意語は「失敗」である
・「賛成」の反意語は「反対」である
・「好き」の反意語は「嫌い」である

これらは小学生にもわかるような「常識」に見えます。

本当にそうでしょうか？

今回は、こうした固定観念を異なる視点から見ることで新しいものの考え方ができるという、「やわらかい頭の使い方」の事例を解説したいと思います。

まずは「『成功』の反意語は『失敗』である」という常識を、違う見方で見てみます。成功と失敗は、一般には何らかの結果の「両極」であると考えられるために、これらが反意語と見なされるわけです。つまり、下図の上段の横棒上のような関係になります。

ここでは成功と失敗が両端にある構図ですが、視点を変えるためにこの軸を真ん中から二つに「折り曲げて」みます（図の中段）。

こうすると、左の端には「成功」と「失敗」が並び、右端にはそれらの中間、つまり「成功でも失敗でもない」という状態が位置づけられます。ここで「成功でも失敗でもない」という状態を、改めて考えてみましょう。そもそも何かをやれば、その結果がうまくいけば「成功」となり、そうでなければ「失敗」となります。たとえそれ

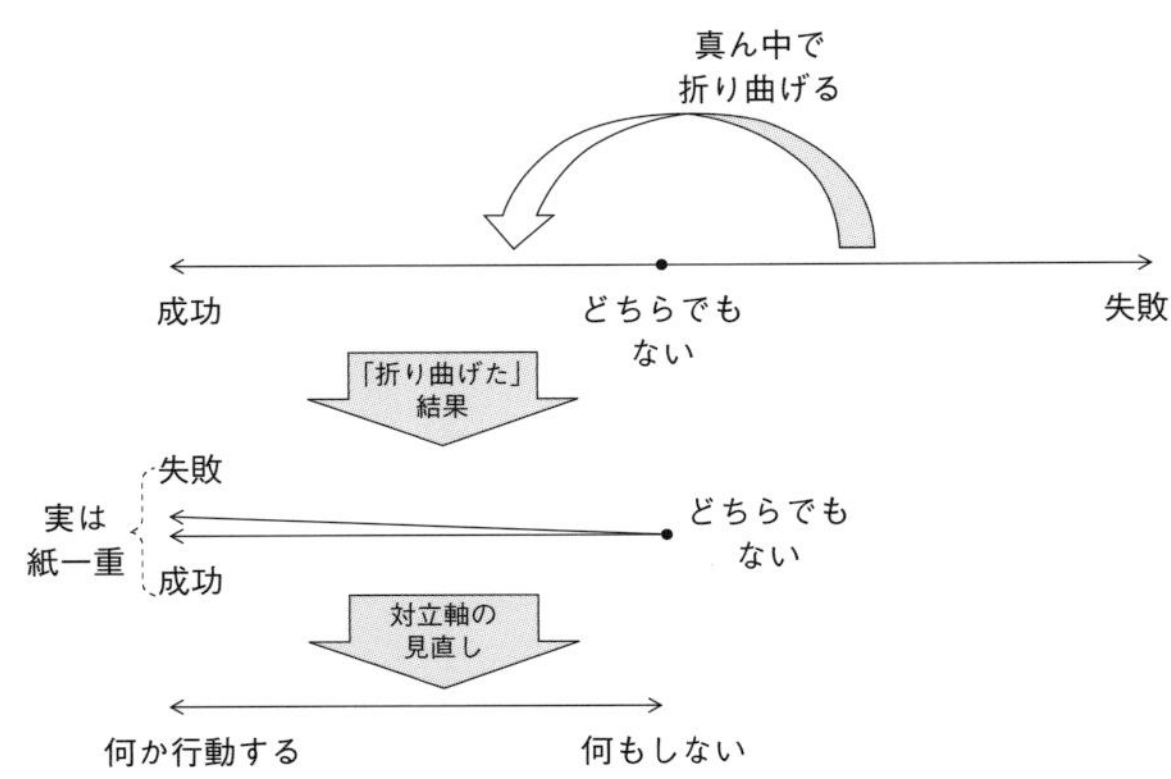

「個性があるか無いか」で言えば、
イケメンもブサイクも「個性的」という
同じグループなんだよ!!
…だから何よ。

が失敗でも、やった結果やそこからの教訓は残るし、やった前とは状況は確実にちがってくるはずです。しかし、何もしなければ、「成功でも失敗でもない」状況がずっと続くことになります。そう考えると、「成功でも失敗でもない」という状況を一番作り出すのは「何もしない」という状態であることに気づきます。

そう考えれば、この半分になった軸の両端が再び一つの考え方の軸になっていることがわかります。つまり、「何か行動する」と「何もしない」という二極になるということです（図の下段）。

この構図からおわかりでしょう。「成功」と「失敗」は実は紙一重の「同意語」

で、それらの反意語は「何もしないこと」ということになるのです。

一九九〇年代を代表するイタリアのサッカー選手、ロベルト・バッジョは「ＰＫを外すことができるのは、ＰＫを蹴る勇気のある者だけだ」という言葉を残しています。この言葉は先の「成功と失敗の構図」からみると非常によく理解できます。

少なくともＰＫで失敗するためには、競技場に出ていってＰＫを蹴るだけの資格を得る必要があります。逆に失敗に一番遠い人というのは「観客席（やテレビの前）で座って見ている人」だということになります。

また、このような「両極と真ん中は実は対照的であって、両極に見えるものは実は似ている」という考え方は北極―赤道―南極の関係性にも当てはまります。文字通り両極のように見える北極と南極が実は気候的にも似ていて、対極にあるのが赤道だという構図です。

同じように考えてくると、「賛成」と「反対」は「明確に自分の意見を持っている」という点でむしろ「同意語」になり、この対極は「どちらでもない」、つまり「自らの明確な意見がない」ということになります。

何かを実施しようとするときには、必ず賛成する人もいれば反対する人もいます。反対派を説得するのも大変ですが、むしろ「明確に意見を持っていない」人を説得する方が大変な場面もあるのではないでしょうか。「反対している人」の方が、理解さえ得られれば逆に賛成に回ってくれることもあるのに対して、「賛成でも反対でもない人」というのは最後までつかみどころがありません。

同様に、「好き」と「嫌い」は「対象への関心が高い」という点では同意語で、これらの反意語は「無関心」と見ることもできます。レストランやお店等でのクレームを受けた場合に、これをチャンスととらえる人がいます。それは、クレームするときの人間は「感情が高ぶって精神的に接触してきている」分、その後は対応を誤れば「二度と来ない」ことになってしまいますが、すかさずサービス券を渡す等のフォローをすれば、逆に常連さんにできるチャンスがあるということでしょう。

この考え方を応用すると、「新しいアイデアを創造的に生み出せる人」と「文句ばかり言っている人」というのも、実は紙一重であることがわかります。「半分に折った」軸の両端には、「現状に満足していない」と「現状に満足している」という対極の言葉が当てはまります。つまり、「不平不満ばかりの人」はそのエネルギーを前向きに使えば、実はアイデアマンに変身する可能性があるということです。

往々にして組織というのは、斬新なアイデアや創造性を求めるといいながら、「不満だらけの人」を排除し、「協調性のある人」を登用していきます。これがいかに矛盾しているかというのも「半分に折った」構図を見れば明らかでしょう。

「両極端か中庸か」という構図、ぜひ読者の皆さんの身の回りでも探して「半分に折って」違う見方で考えてみて下さい。

3　一体どっちが正しいの？

「規律が重要」と「自由が重要」
「仕事は何でもやるべし」と「仕事は選ぶべし」
「○○は体に良い」と「○○は体に悪い」
……

世の中にはこのように相反するメッセージがあふれています。これでは、結局何をすればよいのかわかりません。

また、マスコミやインターネット上でも「素晴らしい人」として取り上げられていた芸能人や経営者が、ある日突然一変してバッシングを受けるというのも珍しくありません。

世の中を常に「いいものか悪いものか」という単純な二者択一だけで見ていると、こうしたメッセージに踊らされて右往左往することになります。

では一体、なぜこうしたことが起きるのかを三つの要因から見た上で、どうすれば適切な判断ができるのか考えてみましょう。

①通説の逆を行くことで目立つ

一つ目は、世の通説を「実は違う」と否定するメッセージのパターンです。端的な例が、世の中で「良い」と思われていることを、「実は○○は健康に悪い」といった形でメッセージを発信することです。健康やダイエット系では「鉄板」とも言えるネタです。

どんなに健康に良いものだって、実験用のネズミでも人間でもそれだけを摂取し続けていれば、ネガティブな結果の一つや二つは出てくるでしょう。どんなに「人格者」でも、けちの付けどころはあるはずです。それをつかまえて「実は悪人だった」と言えば、井戸端会議やSNSの投稿ネタとしては絶好のつかみになりますから、容易に「拡散」されることは間違いないと言えます。

ベストセラー
『信じる心が寿命を延ばす』
の著者 最新刊！
『すべてを疑って生きのびろ！』
絶賛発売中!!

②感情は両極端に走りがちなものである

二つ目の要因として、人間の感情という側面から見てみましょう。

感情というのは、比較的「好きか嫌いか」という両極端に流れがちです。とても評判の良かった人でも、何かのきっかけでその評判が急落することがあります。「あばたもえくぼ」が「坊主憎けりゃ袈裟までも……」という状態になるというように、どちらかの極論に飛びついてしまうことが多いので注意が必要です。

③「○○の場合は」が抜けている

上記①②に共通している要素は、全体を

見ずにどこかの部分だけをとらえて判断してしまっている場合が多いということです。つまり、どんなメッセージでもありとあらゆる場合に当てはまるわけではなく、特定の状況や性格等によって当てはまったり当てはまらなかったりする、その状況説明が抜けているという要因です。これは主張している人が十分それを意識していながら無意識にその「前提条件」を言っていない場合と、主張している人自身もそれに気づいていない場合があります。

この③の要因から、こうした場面にどう対処すべきかという結論が導かれます。そもそも物事は一方的に良いとか悪いとかいうことはなく、人間の長所が必ず見方によって短所に（あるいは逆に）なるように、「毒にも薬にもなる」という場合がほとんどです。だから重要なのは「それは毒なのか薬なのか？」ということではなくて、「どういう場合に毒になって、どういう場合に薬になるのか？」ということと、いま判断すべき状況はどちらの場合なのか？　を見極めるということです。つまり、「どういう場合に正しいと言えるのか？」「いまどちらの傾向にある人に向けているのか？」といった前提条件を、セットで読み取ることが重要なのです。

例えば、「その道の初心者向けなのか、ベテラン向けなのか？」（例：その仕事を選ぶべきか否か？）、「平均以下を引き上げるためか、突出した個性を出させるためか？」（自由は重要か否か？）といったような判断です。

世の中では、しばしばこの前提条件なしに議論が行われるために、どちらも譲らずに水掛け論になることが少なくありません。「どういう人間を目指したいか」とか「どういう組織にしたいのか」が決まれば自ずと答えは出てくるのに、そこの前提条件をそろえずに議論をするから永久に答えが出なくなるのです。つまり「どちらが正しいか」の問題ではなく、前提条件がそろっていないだけだということになります。別の表現をすると、個人や組織の基本ポリシーや「哲学」というのが、その前提条件のどちらを選ぶかを決定する基準になります。

特に年配者やベテランのアドバイスというのは、「自分が歩んで来た道」という前提条件が抜けて、それが全てであるかのような「勝てば官軍」的な物言いになってしまうことが多いので、無闇にそれを受け入れるのでもなく、かといってそれを全否定するのでもなく、自分のいまの状況と照らして、「どこは当てはまって、どこは当てはまらない」のかを切り分けることが重要になります。

ここで重要なのは、「あの人は金持ちだから自分とは違う」といったように表面的なことでの「違い」を見るのではなく、「出自は違うが、人間関係の修復の仕方は参考にできる」といったように、本当にそのアドバイスやメッセージに関係する要因が似ているかどうかを見極めることです。

さらに、前述の「感情の力」で「好きな人の言うことはみんな正しく、嫌いな人の言うことは全部違う」という判断を往々にしがちなところも、気をつけるべきところです。

「場合分け」というのは、全体を冷静に見ているからこそできる行為です。「これしかない！」と、ある一つの意見に飛びつくのに気をつけることと、そういう表現を見たときには「どういう場合に正しいのだろうか？」と考える習慣付けをすることが、頭をやわらかくして考えるための秘訣とも言えるでしょう。

4 常識は非常識、非常識は常識

「そんなこと常識でしょ」

「あの人非常識だよね」


私たちは、日頃何気なく「常識」「非常識」という言葉を使います。

この節では改めてこの言葉の使い方を考えることで、「やわらかい頭の作り方」を考えてみたいと思います。


そもそも「常識」とは何でしょうか？

「一般の社会人が共有していて当然の知識やルール」といった定義が、恐らく違和感のない考え方かと思います。それは例えば公共の場でのマナーであったり、会社や組

この書類、「常識管理室」に
持っていけって言われたんですケド…
ああ。
社長室のことだよ。

織間の序列であったり、商品を売り場の棚に並べる順序であったりといったことです。

ところがこの「常識についての常識」、本当にそうでしょうか？

閉鎖的な世界や業界等でよく言われる言葉に、「○○の常識は世間の非常識」という言葉があります（例えば「日本の常識は……」とか）。あるいはこの常識というのは、時代や世代という時間軸でも変わっていくものです。「水と安全はタダだ」「銀行はつぶれない」といった、二〇年ほど前の「常識」は完全に崩れています。

つまり、本来「どこでも誰にでもいつでも通用して当然」のはずの常識は、まさに時間と場所と場合といういわゆるＴＰＯによって自在に変化することになります。そう考えると、常識は実はちっとも常識ではないことになってきます。

それでは一体私たちは、「常識」という言葉をどう使っているのでしょうか?

冒頭の二つの言葉、誰でも使ったり使われたりする言葉ですが、よく考えてみると、この言葉は「自分の常識」と「他人の常識」との間にギャップがある場合に用いられることがわかります（次ページ下図参照）。

ここからわかるのは、私たちが「常識」という言葉を冒頭のように使うときには、「暗黙裏に当然と思っている自分の価値観」をあたかも世の中の正義であるかのように正当化したい場合である、ことがわかります。本来ギャップは存在しないものなのに、用いられる場面はほとんどがこのギャップが存在した場合で、それは必ずしも「レアケース」ではなく、日常的に起こっていることになります。

このように、「常識」という言葉ほど自分勝手に用いられる怪しい言葉はありません。それにもかかわらず、私たちはこの言葉を金科玉条のごとく「本当は常識でない」ことに用いてしまう悪い癖があります。これは「思考停止」の典型的な症状なのですが、これに対して、どう考えればこのような思い込みを排除して、やわらかい発

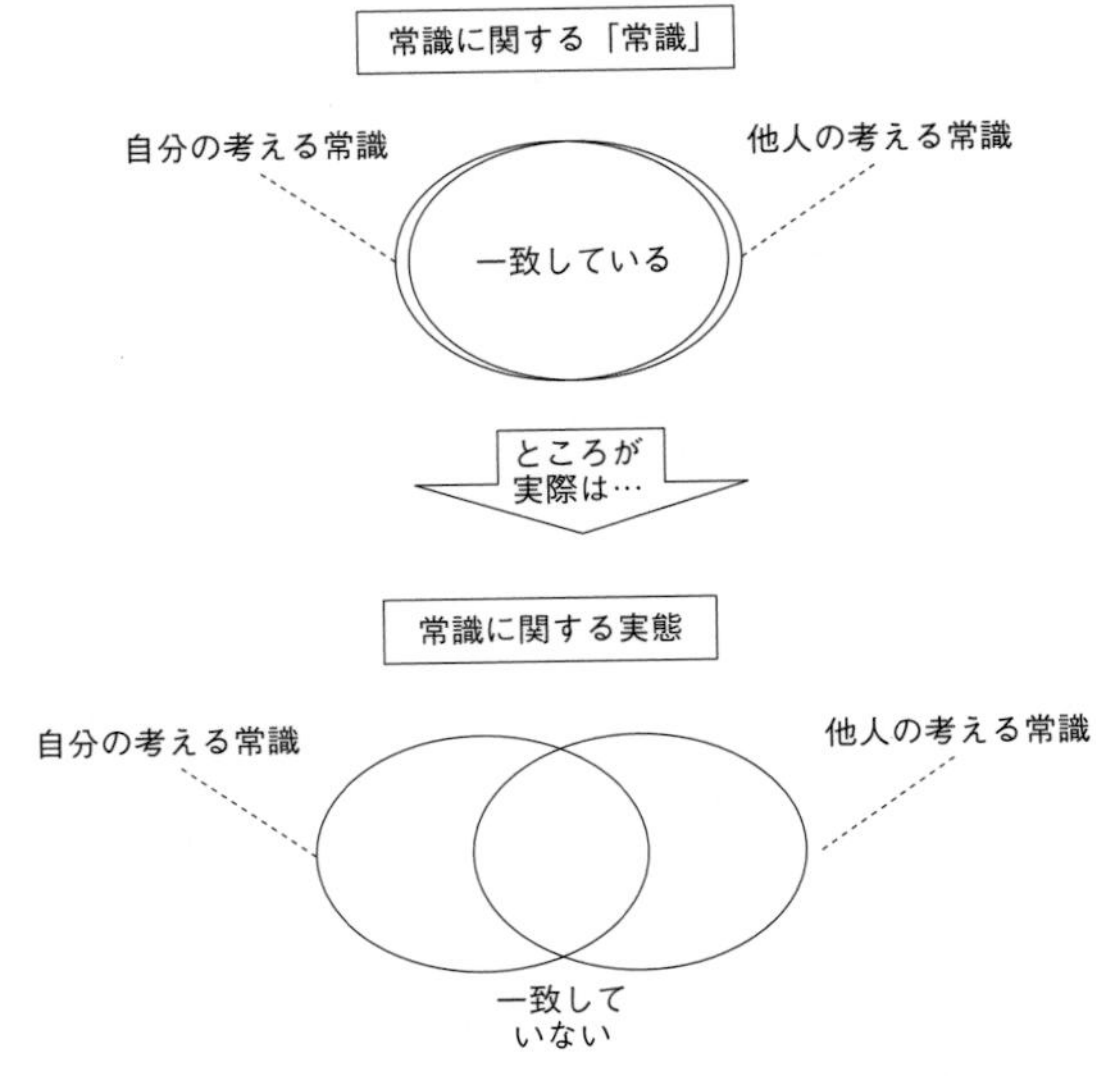

常識に関する「常識」と実際の姿

想ができるのでしょうか？

一つは、よく言われる「常識を疑え」という言葉です。「常識」の特徴は、それが世の中に流布しているときには誰も疑わず、疑った者は「頭がおかしい」とまで言われるにもかかわらず、いざそれが覆されてみてしばらく経つと、大昔からそれが常識だったかのように何事もなく受け入れられてしまいます。そうなってしまえば、「この常識は覆されて当然だった」と後付けのもっともらしい理由が付いてしまうのです。

要は、「常識を疑っている時点」では「そんなことあるはずがない」という大多数の反論を、どこまで淡々と押し返せるかがポイントです。

「有料の水」の年間市場規模が二五〇〇億円にまでなる（一人約二〇〇〇円もお金を払う）ということを三〇年前に言えば、これはほぼ「頭のおかしい」人と思われたでしょう。また「お店で手に取って内容を確認してから買う」ものの代名詞だった本の購売方法が、「通販で買うのが主流」となった状態を誰が予想したでしょう。「常識」とはしょせんその程度のものです。ましてや言葉遣いやマナー・ファッション等、時代とともに変化するのが当たり前のものを、一時代だけ凍結させて「常識」の名で語るのがいかに危ういものかは、推して知るべしでしょう。

さらに先にも述べたように、「常識」という言葉は、意見や価値観が異なるときに用いられる場合には、たいてい本当の意味での「常識」ではありませんから、まず「それ本当？」と思ってみることです。

ただし、この質問に対して使っている本人は、「当たり前だろ、「常識」なんだから」とあくまでも思考停止の姿勢を崩さないはずです（思考停止している人の最大の特徴は自分が思考停止していることに気づいていないことですので）。

そこでもう一歩突っ込むときに使う次の言葉が、「何で？」あるいは「なぜ？」です。それでもきっと想定される答えは、再び「だって「常識」だから」とか「昔からそうだから」と思考停止の姿勢を崩さないものになるでしょう。それなら、相手と一緒に考えてみてはいかがでしょうか？

そうすると、「その時代にはこういう背景があった（が、今はない）」とか「その地方ではこういう慣習がある（が、ここではない）」とか「あの職業はこういうスキルが求められる（が、今は必要とされない）」といったその常識の本当の意味での「理由」や「目的」が出てくるはずです。その時点でその常識の時間、場所、個人のいずれかに変化が生じて当てはまらなくなっているのなら、思い切ってその常識を忘れてみることが頭をやわらかくするために必須の条件となるでしょう。

要は常識を「絶対的な目的」と考えるか、「単なる手段の一つ」と考えるかが「固い頭」と「やわらかい頭」の分かれ目ということになるでしょう。

5 「線を引く」ことの功罪

一票の格差、領土紛争、組織のセクショナリズム……これらの問題の発生に共通する原因は、何でしょうか?

それは、「線を引く」ことによって起きていることです。「選挙区」や「国」や「組織」というのは、本来連続しているものに無理矢理「便宜上の」線を引いているものです。

同様のもので一番わかりやすいのは、「日付変更線」です。実際に飛行機の窓からのぞいたところで、「日付変更線」が見えるわけではありません。また、これは現在の「東経(西経)一八〇度」に絶対的な理由があるわけではなく、あくまでもどこかで線を引かないとわかりにくいという理由で、人間の頭の中で便宜上引いているだけなのです。

ではなぜ人間は、頭の中で「線を引く」のでしょうか？　それは、複数の人々が共通のルールで暮らしていくために、身の回りのものを認識して、言葉に表し識別することが必須だからです。

「分かる」は「分ける」から来ていると言われることがありますが、人間は身の回りのものを理解するのに、何気なく「分ける」という行為を行っています。

例えば、「安全」と「危険」という言葉を考えてみましょう。ある「しきい値」以上に人間に危害が加わる可能性がある事象のことを、「危険である」と表現しますが、危険という「レッテルが貼ってある」わけではなく、ある境界で「線を引いて」そこから上になると「危険」、そこまでは「安全」という言葉で表現しているのです。

様々な「分類」というのもそうです。「動物」や「植物」、あるいは「魚類」や「爬虫類」等の分類も、共通の特徴を持つか持たないかで「線を引く」ことで、それらを「別のもの」として理解しているのです。

こうして「線を引く」ということで、人間はこれまでに膨大な事象を整理し、うまく社会生活を営んできました。しかし、この「線を引く」という行為は諸刃の剣で、様々な問題を引き起こしてもいます。

「友だちと恋人の境目」とか
「どこからが浮気か」とか、
そんな線引きは
無意味だと思うの!!
…質問に答えてくれる?

交通ルールを例に取ってみます。高速道路の制限速度は、大部分は「一〇〇キロ」で「線を引いて」危険を回避するためのルールを設定しています。ところが実際の危険性はそんなに「デジタルに」決まっているわけではなく、一二〇キロでもほとんど危険のない道路もあれば、八〇キロでも危ない道路もあります。それらを一律で「一〇〇キロ」としてしまうことで、事故やその他の弊害が起きるかもしれません。

あらゆる事象は、「しきい値」を決める場面では全く同様の問題が発生します。例えば年金給付のためのしきい値、避難区域を設定するための危険レベルのしきい値、全て本来は連続的に変化しているものに、無理矢理線を引くことから発生しているのです。

実際の事象一つ一つには本来線は引かれておらず、またそれらは日々刻々と変化するものです。ところが人間の頭の中で一度引かれてしまった線は固定的であるために、必ずそこにギャップが発生してきますから、問題を起こすのです。

「組織の壁」というのも、組織の管理のために便宜上作ったものに過ぎません。担当顧客を「業界」で分けても、ビジネスの変化から業界の「境界線」のなかには陳腐化するものもたくさんあります。「電気自動車」の部品は「自動車業界」のものでしょうか、それとも「電機業界」でしょうか？　スマートフォンは「携帯電話業界」の製品でしょうか？　それとも「ＰＣ業界」のものでしょうか？　一旦組織を決めてしまうと、「これはどっちの組織が担当するんだ？」という議論になりがちですが、これらは便宜上引いた線にとらわれて実態が見えなくなってしまっているという、「本末転倒」の現象を示すものです。

以上をまとめると、人間の知的能力の基本であるとも言える「線を引く」という行為が、まさに様々な問題の原因そのものになっていることになります。

ここに、「頭をやわらかく」して考えるために肝に銘じておくことが潜んでいます。「頭の固い人」と「頭のやわらかい人」の決定的な違いは、こうした身の回りの「線」を「変えられない絶対的なもの」として考えるか、「必要なら変えてしまえる便宜上のもの」として考えるかにあります。線を絶対に守るべき最終目的と考えるか、単なる手段と考えるかの違いとも言えます。

頭をやわらかくして考えるとは、こうした身の回りの問題を見たときに、「線」の方が間違っているのではないか？　あるいはしょせん「線」は便宜上の道具だから、そこから問題が発生して当たり前だ、ということに気づき、そこに原因を見出せるかどうかということです。

そういう観点で世の中を眺めてみると、新しい線の引き方に気づいたり、あるいはそもそも線が必要なのだろうかと思えたり、できるかもしれません。

6　「数字」はアイデア貧者のよりどころ

　私たちの身の回りには数字があふれています。ものの大きさや値段、あるいは会社の給料や売上等、ゲームやテストの成績もすべて「数字」で表現されます。数字が好きな人もいれば、嫌いな人もいるでしょう。今回は、この「数字」と頭のやわらかさとの関係について考えてみたいと思います。

「数字に強い」人というのは何となく「頭脳明晰」であって、頭がやわらかい人という印象を持つかも知れませんが、これは正しい認識と言えるのでしょうか？　これを考える前に、そもそも数字というものはどのような場面で用いられるのかを考えてみましょう。

　冒頭に述べたような数字が使われる場面に共通しているのは、「万人が同じものさしで客観的に比較をし、表現する必要がある」ということだと言えるでしょう。

ここでのポイントは「万人が同じものさしで」ということです。つまり、数字というのは様々な人が「共通に」判断できるものである必要があります。誰か一人とか一部の人だけではなく、全員がわからなければならない、つまり全員に関わる「最大公約数」、共通部分が数字だということになります。逆に言えば、「誰でも理解できる範囲」は数字で表現できますが、それぞれの個人でしか表現できないこと、例えば、感情やイメージは数字で表現できません。芸術家のやっていることは、ほとんど数字では表現できないと考えれば、さらに明白です。

新しいアイデアを出したり、日々の仕事で工夫をしたりする場合にも、数字で考えることは一つのオプションとして必ず出てきますが、上述の通り、「数字」というのは「最大公約数」である、つまり「万人に理解できる」＝「アイデアとしては斬新ではなく、陳腐なもの」となる可能性が高いということになります。

例えば、何も工夫をしていない営業担当者が顧客に出せる魅力的なオプションは「値引き」しかありません。「価格の差で競合に負けた」という言い訳の多い営業マン

は、実はそれが、「自分の工夫の足りなさ」によるものであることに気づいていないことが往々にしてあります。

もちろん、顧客に製品やサービスを買ってもらうために、価格が重要な要素を占めることは間違いないですが、その他にもその商品ならではの価値をアピールし、それを顧客の視点から「どのように使えばメリットが感じられるか？」ということに想像力を働かせ、その製品の顧客にとっての付加価値をアピールすることも重要です。そのためには、単に数字を上下させるよりもはるかにやわらかい頭の使い方が必要です。

同様のことは、優秀な人材を採用したり、従業員のモチベーションを上げたりするために組織が取れるオプションを、経営者や関連部門の担当者が考える場合にも当てはまります。「給料を上げる」とか「手当を増やす」などの金銭という「数字上の施策」というのは、実は「最も頭を使っていない」施策ということになります。

個人間や会社の付き合いで、誰かにプレゼントしたり、食事に招待したりするときでも同じことが言えます。「とにかく金額の高いもの」とか「高額なレストラン」を選択するというのは、「他に何もアイデアのない」人が取る選択肢だと言えるでしょう。

さらにこれらの事例の問題点は、「値引きに引かれて購入する顧客」や「高給のみにつられて入社する社員」や「高価なものに惹かれる個人」といったような、「狭いものさしで考える人」を呼び寄せてしまうことです。こうして「数字の罠」に落ちていくとさらに思考停止が加速していくことになります。

このように、新しいアイデアを出したり、工夫をこらして改善したりするための「頭の使い方」には大きく二通りの方向性があることがわかります。

一つ目は、「決められたものさしを数字の上で上下させる」ことですが、これは

「何の工夫もない、誰にでも思いつく陳腐な発想」ということができます。もちろん数字を用いることが重要な場面もあり、例えば秩序を守るための管理をしたり、万人を公平に評価する場合には、誰もが同じ土俵で議論ができる「客観的な数字」を基にして話すのが基本になりますが、これはむしろ（一律のルールをあまねく適用することが重要だという点で）「頭が固い人」の方が向いている仕事です。

二つ目は、「他と比較できないような『新しいものさし』（評価指標）を新たに発見して定義してしまう」ことです。例えば何らかの新しい商品を開発するのであれば、いままでは「○○速度」や「××容量」といったものさし上での優劣のみで勝負をかけていたのを、「使う楽しさ」や「見た目の美しさ」といったこれまでと異なる「ものさし」で勝負をかけ、なおかつ「客観性を確保するのが難しいこと」や「定量化するのが難しいこと」を考えることで発想を膨らませるというのが、「やわらかい頭の使い方」と言えます。

ここまで述べたように、「「数字」はアイデア貧者の最後の拠り所である」ことを肝に銘じて、最後の最後まで数字を頼りにすることをやめること、または、新たな「数字のものさし」を考えることが、やわらかい頭で創造的なアイデアを出す秘訣の一つと言えるでしょう。

7　自由旅行とパッケージ旅行、どちらが「自由」？

今回のテーマは、「自由選択メニューとセットメニュー」です。一番わかりやすい例はレストランでのアラカルトとコースの違いです。お店でオーダーするときには、個別に好きなものだけ頼む場合と既にお店の決めたメニューの組み合わせであるコースを頼む場合の、大きく二つの方向性があるでしょう。これら二つのパターンを「自由選択」と「セットメニュー」として一般化して、両者の特徴を比較してまとめてみたものが次ページの表です。

まずこれら二つのパターンでは、個々のオプションを選ぶ主体が違うという大前提があります。自由選択は自分自身が全てを選ぶのに対して、セットメニューでは（大抵の場合はその道の専門家である）他人が予め組み合わせを設定するわけです。当然選

	自由選択	セットメニュー
決定するのは……	自分	他人
選択の自由度	高い	低い
選ぶ対象は……	知っているものだけ	知らないものも含む
不要なもの	ほとんど無い	ある可能性あり
「はずれ」の有無	ほぼはずれなし	はずれあり
「大当たり」の有無	大当たりなし	大当たりあり
必然か偶然か	必然	偶然
新たな発見の有無	新たな発見なし	新たな発見あり

び手としての選択の自由度は、自ら選ぶ方が高くなります。

別の側面として、自由選択では当然のことながら選ぶ対象は自分の知っている範囲のものがほとんどということになるのに対して、セットメニューでは自分の知らないものがある一定の割合で必ず含まれてきます。つまり、自由選択では良くも悪くもほぼ期待通りのものが出てくるわけですから、大きなはずれもない代わりに「大当たり」もあまり期待はできません。逆にセットメニューでは、もしかするとはずれに当たる可能性もある代わりに思わぬ発見がある可能性を秘めています。

「思わぬ」という言葉を使いましたが、自由選択の結果起きることはほぼ必然と言えるのに対して、セットメニューでは（あくまでも当人にとってみればですが）偶然性に身を委ねるという一面もあると言えます。

ここまで、一般化した形で二つのパターンを見てみましたが、こうした構図は料理のオーダー以外にも様々な応用が考えられます。代表的なのが自由旅行とパッケージツアーの違いです。一般的には初心者やその土地を初めて訪れる人にはパッケージツアー、旅慣れた人やその土地に詳しい人には自由旅行が適していると言われています。

「偶然の発見」
してみない？
コレ、お見合い写真。

その結果として一般的には自由度が高く、新たな発見も大きいと言われているのが自由旅行ですが、先の比較から考えてみれば、実は行き先を自由に選択しているようでありながら、それは「自分の思いつく範囲の中で」という制約条件の下でということがわかります。そう考えると自由旅行というのも、自らの視野を広げるという点では知らず知らずのうちに「食わず嫌い」になっている可能性があります。本当に新しい発見をしようと思ったら、たまにはパッケージの行き先メニューに行き先を委ねてみるというのも面白いかも知れません。

さらに応用すれば、音楽でのCD時代の「パッケージ型」の買い方とダウンロード時代のバラ売りの関係も似た構図があると言えます。CD時代に比べて「聞きたい曲だけ選べるようになった」というメリットは実感として感じられますが、逆に言えば聞いてみたら意外に良かったという「アルバムの中の一曲」に出会える可能性は、格段に低くなったと言えるでしょう。

少し拡大して考えてみれば、同じような構図はネット上で本を選ぶのと、リアルな書店で本を選ぶこととの違いを考えても、「自分の好きな、あるいは知っている範囲」に限定されるか「偶然の発見」で世界を広げられるかという点で似ています。「好きなものばっかり選んでいては成長や新たな発見がなくなる」というのは、今回紹介したどの場面でも当てはまるのではないでしょうか？　この他にも勉強や習い事も同じです。ネット時代になって、いままで「仕方なく」セットを買っていたものがバラで買える場面が増えてきたいまだからこそ、あえて「パッケージ販売」の良さを見直してみるのも良いかも知れません。

皆さんも「複数のものから選択する」という状況が身の回りにあったら、今回の「二つのパターン」を思い出してメリットやデメリットを考えながら使い分けるのが良いでしょう。

8 「大括り」か「小分け」か〈その1〉

ひと昔前まで当たり前だった音楽のCDは、既に「過去の遺物」になりつつあります。CDが電子ファイルのダウンロードになったことで、様々なことが変わりました。聴きたいときに二四時間いつでも入手が可能になったことや、検索や「編集」が簡単になったことなど、電子ファイル化によるメリットや変化はいろいろありますが、もっとも大きな変化の一つが、「バラ買い」が簡単にできるようになったことが挙げられます。

本来買う側のニーズというのは「まとめて」ではなく、個人や状況によって細かく異なっているはずです。にもかかわらず、「セットになって売られている」あるいは「束になって」売られているものは他にもあります。例えば食材についても、一人暮らしの人の一食分の料理をつくるには、大抵の場合は十分すぎる場合がほとんどでし

ょう。まとめて買ってしまったあとは、残りを捨ててしまうか、まとめて一度作ったら「仕方なく」何度も同じものを食べる羽目になるという結果になります。

このように、本来は小分けになっていた方が便利なはずのものが、セットになって売られているのは、ある程度まとめて扱った方が「楽」だからです。ここでいう「楽」というのは、主に提供者側（売る側）の論理で、例えば梱包したり、出荷したり、棚に並べたり、在庫や売上の数的な管理をする手間が圧倒的に省けるという観点によります。

もちろん消費者側（買う側）もあまりに小分けでは扱いにくい場合もあるでしょう

し、大抵は本来の個別ニーズよりは大きくまとまっていることがほとんどでしょう。旅行用グッズのように、ものによっては特別に小分け仕様のものがあったりしますが、この場合には非常に割高なものにつくことがほとんどです。

面白いのは、買う方も頭が慣れてしまうと、大抵のものは「○○を買う単位はこのぐらいだ」という「相場観」ができあがってしまって（例えば食パンなら「一斤で買う」とか）、意外にそれを疑問に思わなくなってしまうことです。

ところが冒頭の音楽の楽曲販売のように、その構図が崩れている領域が出てきています。その大きな要因の一つがＩＣＴ（情報通信技術）の飛躍的な発展です。

先に述べた通り、本来の買う側のニーズよりも売る側の事情によって大きな括りになっているというギャップは、ＩＣＴによって管理作業が劇的に楽にできることによって、解消できるようになってきています。

ＩＣＴの活用による「小分け」が進んでいるわかりやすい例として、ネットで予約ができるチケット類が挙げられます。飛行機の座席予約も、ネット以前のひと昔前までは、「エコノミークラス」や「ビジネスクラス」という大括りなクラス別、あるいはせいぜいそれに「通路側」「窓側」程度の指定しかできませんでしたが、最近のネット予約では、席を個別に予約することができるようになりました。このような現象は、コンサートや映画、あるいはスポーツ観戦時のチケットにも同じことが起こっています。このように「個別に予約できるようになる」という現象は、さらにはホテルの部屋やレストランの座席の予約にも広がっていくことが予想できます。

チケット等の予約の例を挙げましたが、「小分け」というのは「空間的」な分割に加えて「時間的」な分割でも進展しています。つまり、日によって、あるいは時間によって刻々と値段が変わっていくというのも別な小分け化の進展と言えるでしょう。先ほどの座席予約の小分け化には、席によって、あるいは予約のタイミングによって個別の価格の柔軟性を上げるというメリットが考えられます。

そう考えると、いまは夕方になると「タイムセール」ということで食品等が「一斉に」割引になるという状況も、将来はさらに「小分け」になっていくこともあるかも知れません。さらに「小分け」の対象をお金に広げてみれば、新興国で広まった小口融資であるマイクロファイナンスや株式の取引の小口化といった事例もあります。

このように、「○○といえばこの単位で売っている」という常識を疑ってみて、「必要な分だけ最低限の単位で取り扱う」という発想で身の回りのものを眺めてみれば、そこにまた新しいアイデアが生まれるかも知れません。便利にくらしたいという人間の要求は果てがありません。ＩＣＴ化の進展という技術変化は、まだまだ私たちの生活を変えていくでしょう。

9 「大括り」か「小分け」か〈その2〉

楽曲販売等、世の中の様々なものが「小分け」になっていく流れについて話しました。「もともと小分けの方がよかったのに、なんらかの事情（例えば、作り手側の事情）でいま大括りになっているものはその制約条件（コストや管理の手間など）が取り払われれば、小分けになる方が自然だ」という流れから、基本的に「大括り→小分け」が進行していくということを前提にしたものでした。

ところが、このように現在「仕方なく」大括りになっているのではなく、やろうと思えば細かくも分けられるのに、メリットがあるのであえて大括りのままで残し、状況に応じて小分けと使い分けて両方が並存しているものも、実は様々にあります。

わかりやすいのは、ものを収納するための容器です。タンスや本棚、あるいは机の引き出しなども、同じサイズでも「引き出しの数」に様々なものがあって、まさに「大括りか小分けか」という差別化のために、いろいろなタイプが存在しています。

さらに「収納」ということで拡大していけば、かばんや財布や弁当箱も同じような構図があります。小さなポケットや仕切りがたくさん付いているものもあれば、仕切りが最小限になって大きなスペースが確保されているものもあり、用途によって使い分けている人も多いでしょう。

まだまだ他にも「スペース」ということで拡大解釈していけば、ホテルの宴会場や会議スペースの間仕切り壁の設置の仕方も、大括りで大広間のようなものが中心のところもあれば、小さな部屋を中心に構成されているところもあります。

この考え方をさらに延長させていけば、ネットやPCなどの電子空間でも同じようなことが言えます。ファイル収納のフォルダも細かく見出しを入れて管理する方法もあれば、「仕事関連」「プライベート関連」程度の大括りであとは時系列だけで管理する方法もあるといった具合です。

ここで思い出すのが、「物理的世界と精神的世界」（第2章）で述べた、物理世界と精神世界との類似性です。人間はこの「分ける」という行為を、ここまで挙げてきた

ような物理世界に限らず、様々な概念の世界や直接目に見えない「仕組み」などにも応用させています。

例として挙げられるのが、組織や選挙区の「分け方」です。例えば組織に関していえば、大きなグループの中に多数の構成員が入って、各担当を自由に運用するやり方もあれば、担当者を細かく分けてそれらを小さいグループに分割するやり方もあります。大選挙区か小選挙区か、あるいは国家の統治単位も「道州制」といった形で「小分けにする」ことも可能です。

このように、世の中の「共通の構造」を見出すことにどんなメリットがあるでしょうか？　ここまで挙げてきた様々なものをよく考えてみると、対象がなんであれ、大括りか小分けかでそれらのメリットとデメリットが共通していることがわかります。

まず大括りにする主なメリットには、「大きなものが入る」「用途の自由度が高い」ということがある反面、「中が整理しづらい」「特定のものを探しにくい」といったデメリットがあります。

小分けにすることはちょうどこの反対で、「特定のものを収納しやすい」「すぐに場所がわかって取り出しやすい」といったメリットと、「大きいものが入らない」「自由度が低く、デッドスペースができやすい」といったデメリットが考えられます。

また他にも、このような「共通の構造」に着目することによって、様々な気づきやアイデアも生まれてきます。例えば、小分けにした場合の「自由度が低くなってデッドスペースが増える」というデメリットを克服するために、ホテルや会議場などでは「パーティションを可動（取り付け・取り外し可能）にする」というやり方が考えられますが、これはもちろん物理的な仕切りが必要なかばんや本棚でも全く同じことができます。またこれは組織の運営にも応用することが可能になるでしょう。

また「道州制」のように、大括りを小分けに変化させた場合にどんなメリットやデメリットがあるかについても、他の世界で身近に起こっていることを観察してみれば、だいたい何が起こりそうかという予想が可能になるのです。

このような「大括りと小分けの関係」のように、私たちの身の回りには、一見全く違うように見えながらも、それらの構造は実はよく似ているというものがたくさん潜んでいます。この関係性が、本書のテーマである「見えない構造」ということになります。表面的なことにとらわれずに、このような関係性や構造に目を向けると、一つの事象から様々なことが学べるようになるのです。

他にも、「大きな構造」という視点でみてみると、例えば「組織の仕組みがよいから従業員が生き生きする」のか、「従業員が生き生き働いているから仕組みのよい組織になるのか?」といった「にわとりと卵との関係」（お互いが因果関係になっていて、どちらが原因でどちらが結果だかわからない）とか、例えばファッションの世界での色やデザインのように、「振り子のように行ったりきたりする」構造というのも、身の回りでよく起こっています。

このように「大きな構造」に着目することで、世の中の大きな動きが見えてきます。まずはここで挙げたような「大括りか小分けか」「にわとりと卵」「振り子」の関係になっているものを、身の回りで探してみてはいかがでしょうか。

CHAPTER 4

第4章 「対比」と「軸」で見えてくるもの

前章で挙げたように、「短所を長所に」「長所を短所に」変えてみるという発想の転換をする上で、考えておくと便利な視点として、様々な切り口から「対比してみる」ことが挙げられます。

例えば、長所を短所に変えてみるにしても、そこにどういう対立軸が含まれているのかを抽出して、そこでのメリットとデメリットを同時にあげてみることで、一歩引いた視点から考えてみることができるようになります。

賛成か反対か、保守か革新か、固定的か流動的か、そのように対立する二つの極端な選択肢を考えればその間に方向性が出てきます。

これらはあくまでも「白か黒か」というような「二者択一」で考えるのではなく、あくまでも頭の中で考えるための視点、方向性を明確にするためです。ちょうど「東西」や「南北」という「方向性」と同じと考えればわかりやすいかと思います。

喩えてみれば、「頭の中に地図を持つ」ということです。地図を描くためにも、「東西」「南北」という方向（軸）を決める必要があります。逆に言うと、このような軸を決めてあげれば、誰でも「同じ土俵で」様々な地点について語ることができるようになります。「複数地点の関係」を誰にもわかるように説明するにも、必要なのはこのような「対比」や、そのための思考の「軸」です。

これは物理的に目に見える「地図」に相当するような、「思考の白地図」を用いて考えるようなものです。思考の白地図によって、あたかも物理的な距離や方角といった二つの地点の関係を把握し、表現できるように、思考をする上でも複数の事象の関係性を把握し、表現することができ、それによって新しい視点を発見したり、それらを組み合わせることで新しい発想を生み出すことができるようになるでしょう。

本章では、このように「思考の白地図」を描いて、身の回りの事象を様々な切り口から見ていくことにします。以下の個別のトピックによって、具体的なイメージをつかんでもらえればと思います。

1 論理と感情のギャップ

人間は感情の生き物です。日常生活や仕事での人間関係を営んだり、買い物をしたり、けんかをしたり、恋愛をしたりする上で感情というのは動物以上にはるかにゆたかなものを持っています。哺乳類以外ではあまり感情そのものが見られませんし、犬や猫等の哺乳類でも、「怒」は頻繁に見られますが、「喜」も珍しく（犬がしっぽを振る等）、特に「哀」や「楽」に関してはほとんど見られることはありません。

かたや、集団生活には論理というものも欠かせません。論理の産物の代名詞と言えば数学や物理学ですが、こうした考え方が科学技術を飛躍的に発展させてきました。具体的には電気製品や、社会のインフラにその成果は表れています。また一方、法律や交通ルール、あるいは会社の規則というものも論理的に構成されています。

ところが問題は、時にこれらに矛盾があることです。日々の生活において問題を引き起こすかなりの部分が、この「論理と感情のギャップ」に基づいていると言ってもいいかも知れません。次ページの図を見て下さい。

まず上の図ですが、論理と感情には同じように当てはまるところ（①）と、片方ずつしか当てはまらないところ（②と③）、その全体の外側には両方とも当てはまらないところ（④）という四つの領域があるということです。

これらのうち、下の図でグレーにしている「左上」と「右下」は、論理で判断しても感情で判断しても同じ結論が出てくるわけですから、あまり問題にはなりません。問題なのは「左下」つまり論理的には正しい（理解できる）が感情的に正しくない（理解できない）という領域と、「右上」つまり感情的には正しい（理解できる）が論理的に正しくない（理解できない）という領域です。

ここに、論理と感情のギャップが存在するというわけです。

では、なぜこのようなギャップが存在するのでしょうか？

それは、論理と感情を基にした判断では根本的に異なっていることがあるからです。まず論理的であるとは、「誰が聞いても話がつながっている」ということです。つまり必ず客観性が求められます。逆に「感情的である」というのは、「必ずしも万人に

論理と感情の関係

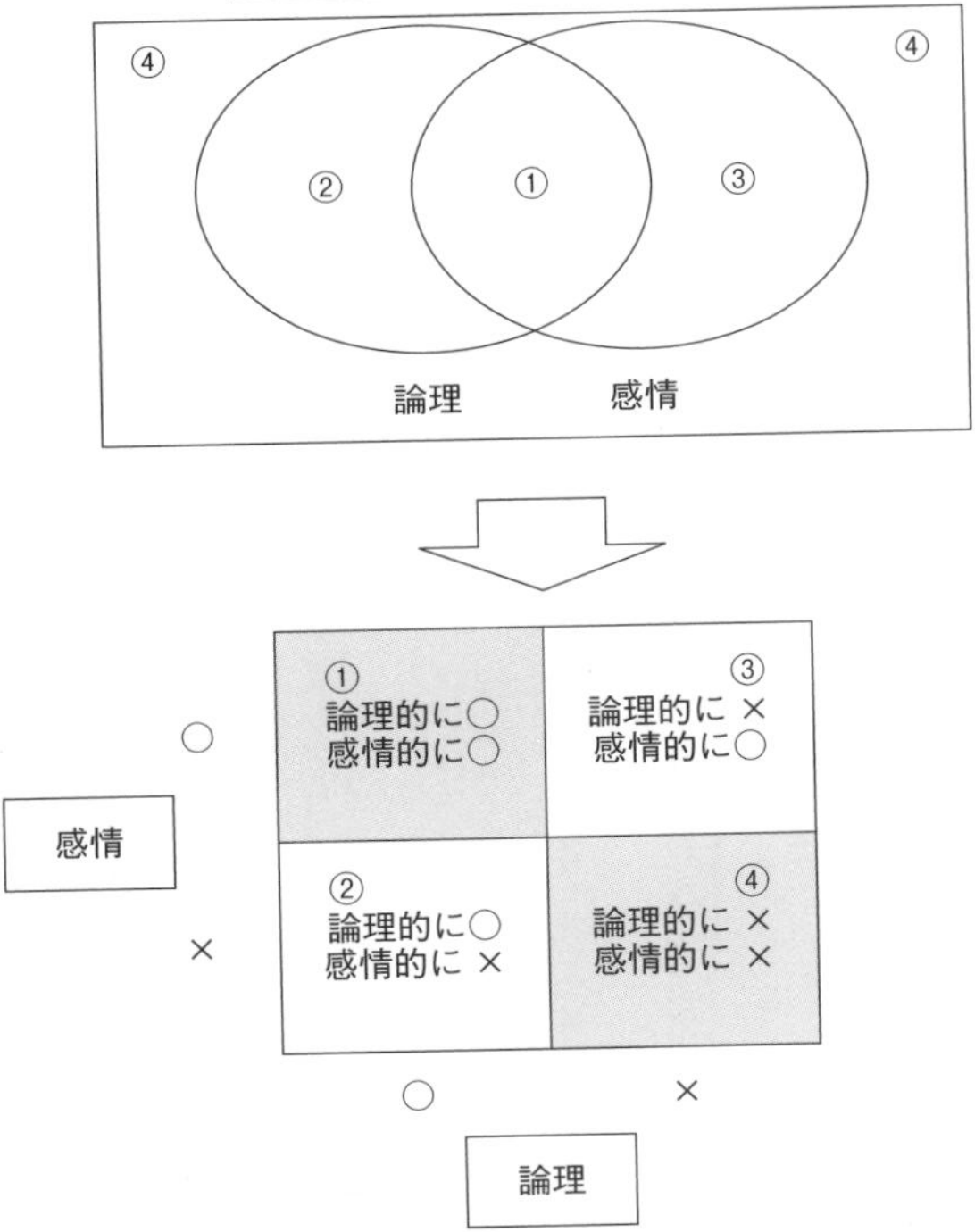

④ ④

② ① ③

論理 感情

感情＼論理	○	×
○	① 論理的に○ 感情的に○	③ 論理的に × 感情的に○
×	② 論理的に○ 感情的に ×	④ 論理的に × 感情的に ×

とってつながっていなくてもいい」、つまり必ずしも客観的ではない主観の領域ということになります。こうした主観と客観が常に一致していればいいのですが、時に矛盾するためにこの図のようなギャップが生まれます。

図の「右上」の領域というのは、「気分次第の主観」では認められるが、誰にもわかるような「客観性」がないという領域になります。例えば、どういう状況でこういうことが起きるでしょうか？

感情的に判断することの代表例として、ものごとを「好き嫌いで」決めることが挙げられます。好き嫌いというのは、当然人によって異なる主観的なものです。「好きだからこれに決めた」というのは、個人の選択としては当然のものですが、集団や組織の中では必ずしも通用する「論理」ではありません。「好き嫌いで仕事をするな」というのは組織の中でよく聞かれる言葉です。個人の好き嫌いだけで物事を決められては、集団の秩序が保てなくなるからです。

好き嫌いがはっきりする状況というのは、特定の「人」に対してです。例えば、会社の中で「(好きな)あの人が言うなら信用して彼の案を採用しよう」というのは、感情的な面では納得できても、これは論理的な意思決定とは言えません。したがって、

ます。

客観的な数字やデータで示す必要が出てき

「あの人の発言」のどこがどう良いのかを

ところがこれは個人のレベルでは全く問題なく、むしろ人が物を買うときには「あの人が薦めていたから」、あるいは「好きなタレントがＣＭに出ていたから」ということが、十分な購買理由になり得ます。

逆に「論理的に正しいが、感情面で納得できない」というのが、図の「左下」の領域です。例えば、嫌いな人に正論を吐かれても受け入れられないといった状況が考えられます。「坊主憎けりゃ袈裟までも……」というわけです。

さらにわかりやすい例を言えば、「機嫌

が良いときには何にでも「Ｙｅｓ」だが、「機嫌が悪いときは何を頼まれてもＮｏ」といった気分屋の判断も、客観的に説明できない意思決定の例と言えます。このような人が集団にいると、「右上」と「左下」の事象が頻発することになります。

このようなメカニズムによって、組織の活動等で「正しい意思決定をしたのに人が動かない」という事態が頻発します。「人が動く」には個人が感情面で納得することが必須条件になるのに、「正しい」意思決定とは、通常「論理的に正しい」ことを意味しているに過ぎないからです。

したがって、何らかの集団をうまくコントロールしていくためには、この「二つの領域」をうまく扱うことがキーポイントということになります。

「左下」の領域というのは、例えば大きな組織改革をするときに問題となります。会社統合の後に二つの会社のやり方を統一しようとするときなどは、「相手の会社のやり方に合わせる」というのは理屈の上で正しくても、感情面では素直には従いたくないものですから、こうした「反対派」を説得する場合には、あまりに論理を振りかざすのは逆効果になります。

逆に「右上」の領域に関しては、個人へ訴求する商品開発の意思決定をする場面では、必ずしも理詰めで検討した商品がヒットするとは限りませんから、「集団の意思決定」をする場合でも、最後は感情が支配するという現実を踏まえた上での決定が必要になるでしょう。

「集団の意思決定やルール作りは論理に基づく必要があるが、個人を動かすのは感情や心理である」という基本的原則が、ときに様々な矛盾を引き起こします。これを十分に踏まえて行動するのが、特に組織で動く際に注意すべきことになるでしょう。

2　具体と抽象 ——「抽象的」だからわからない？

「あの人の言うことはいつも抽象的で、何を言っているのかわからない」

「今回は具体的に説明してもらったので、よく理解できた」

　私たちは普段このような形で「具体的」「抽象的」という言葉を用います。大抵の場合は「具体的である」というのはわかりやすく肯定的なイメージで、「抽象的である」というのは、分かりにくく否定的なイメージで用いられます。このイメージは本当に正しいものでしょうか？

　今回はとかく「悪者」になりがちな「抽象的」あるいは「抽象化」ということについて、一般的に語られるデメリットに加えて、そのメリットが何かも考えてみましょう。

具体的	抽象的
・直接目に見える	・直接目に見えない
・「実体」と直結	・「実体」とは乖離
・感情に訴える	・感情に訴えない
・一つ一つ個別対応	・分類してまとめて対応
・解釈の自由度が低い	・解釈の自由度が高い
・応用が利かない	・応用が利く
・「実務家」の世界	・「学者」の世界

具体と抽象というのは、対立する概念です。具体というのは一つ一つの個別事象のことを指し、抽象というのは同じ特徴を持つ複数のものを「まとめて」一般化したものです。「ラーメン」や「餃子」や「麻婆豆腐」あるいは「エビチリ」といった個別の料理を具体とすれば、これらの特徴を抜き出して一般化した「中華料理」というのが抽象ということになります。これらはさらに（和食や洋食も併せて）「食べ物」と一般化でき、さらに（飲み物も一緒にして）「飲食物」とか「口に入れるもの」という、より上位の概念で抽象化することもできます。

そのためには文字通り、ある特徴を抽出

して、その言葉でひと括りにすることが必要になります。またこの例からもわかるように、具体と抽象というのはあくまでも相対的な関係を表しています。

ここで、対立概念としての「具体的であること」と「抽象的であること」の比較を、メリットやデメリットがわかるように表に示します。

まずは、わかりやすい「具体的」の方のメリットを挙げてみましょう。

具体的な表現というのは、冒頭に挙げたようにとにかく目に見えて直接的である分、誰にもわかりやすいことが挙げられます。そのため、「行動に直接つながりやすい」というのも具体的に表現することのメリットです。

例えば個人の目標を立てるときには、具体的であればあるほど行動につながる可能性が高くなります。「今年は勉強しよう」という目標よりも、「英語を勉強しよう」、さらに「単語を○○個覚えよう」とか「英検○級を取得しよう」、さらには「毎朝何時から何時まで××の本を一○ページずつ読もう」という目標の方が、具体的で実行につながる可能性が高くなります。

また、このようなメリットの効果の一つとして、「感情に訴える」ということがあります。ある人の体験談と、多数の人の経験を一般化した理論の話と、「感動を与える」のはどちらかと言えば体験談であることは明らかでしょう。抽象的な表現は、客観的である反面で冷たい感じを受けます。

それでは逆に抽象的であることのメリットは何でしょうか？　それは共通点をもつ複数のものを同時に扱うことで「応用が利く」ということです。世界中に七〇億人以上存在する個人を一人一人別々に扱っていては、非常に非効率であるばかりか、全く応用が利きません。「男性はこちら」といえばすむところを、全て具体的に表現していては、例えば、「〇〇さんと××さんと……」と呼んでいてはいくら時間があっても足りません。これを「まとめて同じ」だとできることのメリットは、計り知れません。

別の表現をすれば、抽象的であることは「解釈の自由度が高い」ことを意味します。これが応用が利くことにつながるのです。逆に言うと、具体的であることは良くも悪くも「解釈の自由度が低い」ことを意味し、良い面で考えればこれが（受け手が誰かや状況によって解釈が違わないという点で）わかりやすくぶれないということにもつながります。また抽象化することで、その共通の特徴を持つグループの一般的な法則をみちびくことができ、「一を聞いて十を知る」ことが可能になります。つまり限られた経験や読書から、限りない領域への学びを得ることができるのです。これが、人間を人間たらしめる知能の基本ということになります。

実は人間が動物とちがい、決定的に高度な知的能力を操れるのも、この抽象化能力を身につけているからなのです。「抽象的でわからない」とこぼしているどんな人でも、動物に比べれば相当「抽象的な」考え方をしています。その代表例が「言葉」と「数」です。

例えば、私たちは何気なく「昼食を食べに行きましょう」といった表現を使っていますが、実はこれはかなり「抽象的な」表現です。具体的なことしか理解できない人にとっては、「昼食」という表現自体があまりに抽象的すぎます。

それは中華料理なのか和食なのか、中華だとすればラーメンなのかチャーハンなのか、ラーメンなら味噌ラーメンなのか塩ラーメンなのか、どこの店に何時に行ってどのテーブルで食べるのか……といった具合に、全てを具体的に表現することが、一旦抽象的な表現を覚えてしまった人間にとっては逆にあまりに不便なことだというのはおわかりいただけるでしょう。

「数」というのも同様です。「鉛筆三本」も「自動車三台」も「桜の木三本」も、「全てが同じ」三という数字で表現できることによって、人間生活における知的表現は飛躍的に豊かになります。そもそも「お金」という概念も、数字がなければなりたちません。

このように、「抽象的な考え方」というのは、一度おぼえてしまったらもう後戻りができないほど便利な概念であるにもかかわらず、自らの理解を超えた抽象性を前にすると、途端に人は「抽象的でわからない」という感覚を持ってしまうのです。

前に解説した「単純に考える」のに必要なのも、まさにこの「抽象化能力」ということになります。抽象化とは「要するに何なのか？」を考える能力のことであり、「考える」ということは抽象概念を操作することと言い換えることもできます。

具体的な事象を抽象化することと、それを再度復元して自らの具体的な課題に当てはめてみるという、「具体と抽象の往復」が、まさに人間の知的機能の重要な要素ということになります。これは、仕事や日常生活での様々な問題の解決の手順にも当てはめることができます。

単に「お客様のニーズに応えよう」とか「困っている人を助けてあげよう」だけで

は、「本当に何が問題なのか」と「要するに何なのか?」という両面で、不明確です。まずは徹底的に具体的な場面で「何がどう問題なのか」を詳細に把握した上で、それを単に表面的に裏返すのではなく、「要するに何に困っているのか?」というレベルに抽象化して、その解決策をまた具体的に考えるというのが、有効な問題の解決の仕方です。

例えば製品のクレームに対しての改善の対応で言えば、「○○の部分が出っ張っているので、へこませて欲しい」という具体的な要求に対して「そのまま」具体的に対応するとすれば、文字通り○○をへこませるというのが解決策になりますが、これでは応用も利かず、表面のみの解決になってしまいます。

具体→抽象→具体という往復でこれを考えてみると、まずは徹底的に具体的に、「どういう使い方をしていて○○が邪魔になったか？」を把握し、それを抽象化して、「操作をスムーズに行うにはどうするか？」というテーマに置き換えることにより、「そもそも○○自体が不要で、別のやり方で同じ操作をスムーズにしよう」と考えてから、○○のない製品を具体的に開発するという手順で、本質的な顧客ニーズに応えながら、汎用性のあるやり方で具体的に解決することができるようになります。

別の例として、「たとえ話がうまい人」というのがいますが、これがまさに「具体と抽象の往復」の典型的な例です。たとえ話というのは、いま話題になっている領域を「要するにどういうことか？」と一旦抽象化し、その特徴に合っている卑近な例に再度具体化することで、抽象化された二つの世界の共通性を表現するということです。これがうまい人は、例外なく抽象化能力に長けている人であると言えます。

「抽象的だから」ということを毛嫌いせず、それを自らの経験と照らし合わせて「具体と抽象の往復をしてみること」が最高の「頭の体操」になります。プレゼンテーシヨンや資料作り等でもこの「具体と抽象の往復」が重要です。「徹底的に具体的な状況の描写」と抽象化された「要するに何なのか？」とを両方意識することで、どちらか片方だけのものよりも表現が引き締まるとともにわかりやすくできるでしょう。

3　形から入るか、中身から入るか

何か新しい試みを始めるときに、必ず「形から入る」人がいます。例えばスポーツや新しい趣味を始めるときに、ろくに始めてもいないうちに立派な道具を揃えるというようなことです。

人によってはその方がやる気が出たり、先に投資することで意識的に後に引けなくしたりと、様々な理由があります。このように「形から入る」人もいれば、「中身が伴わなければ意味がない」といって、道具は借り物でも先に「実際に上達する」ことを優先させる人もいます。

このような「形から入るか、中身から入るか」という構図は、個人の趣味の世界だけでなく、会社や政治で新しいことを始めたり、なかなか定着しない施策を定着させたりしようとするときの目標設定の場面でも、見られます。

例えば、なかなか思うような結果が出ない営業担当者に「とにかく一日○軒お客様を訪問すること」とか、本を読まない部下に「毎月○冊本を読むこと」というように、「とにかく中身は何であろうが、形を何回こなせるか？」という目標を設定して始めさせようという方法です。

当然、営業担当者にとって、お客様を訪問することは単なる手段の一つであり、途中の過程の一つですから、これを目標にしてしまうのはある意味で本末転倒と言えます。読書の目標も同様で、もともと本を読むことはそれ自体が目標というよりは、読書によって心を豊かにするとか、ビジネスや実用的なスキルを上げるとかいうのがその先の目的のはずですから、とにかく○冊読むというのは、単なる手段でしかないはずです。

そのような「手段先行」で行く場合のデメリットは明確です。中身が伴わないのに、「とにかく形だけ」で終わってしまう可能性があるということです。営業で言えば、「ただ名刺を置いて来た」という訪問履歴が増えるだけだったり、読書で言えば、仕事と関係のない「読みやすい本」ばかり読んで数字上の目標は達成したものの、本来の目的はまったく満たしていないという状況が起こりえます。場合によっては「どこ

までを一軒、一冊と数えていいのか」といった、本質的ではない議論に時間を割くことになったりするなど、まさに「手段の目的化」という、本末転倒の状況になってしまいます。

でも「手段先行」にもメリットがあります。それはたとえ「形から入る」ことにはなっても、まさに「形」という実質的な行動から始まっているということです。「中身が伴わなければやっても意味がない」と言っている人は、その時点では正論のように見えますが、実は「形」すらもできずに何もしないで終わってしまうことも多いのです。

「形から入る」ことを笑う人は、意外にこ

の構図を理解せずに「数字の一人歩き」を揶揄したりしますが、「実践重視」の人は、初めは笑われようが「たかが形、されど形」であることをよく知っていて、とにかく不細工でも形を先行することで実践が伴い、最終目的もそこから付いてくることを理解した上で「確信犯」的にやっていることも多いのです。

このように「形か中身か」の話というのは、突き詰めれば「手段か目的か」という構図に置き換えることができます。「形から入る」というのは、その先にある目的のための手段を優先させることで、実行を早めてたとえ初めは本末転倒に見えても、そのうちにそれが定着し、いつの間にか目的を達成しているという状況を狙うものだと言えます。

「考えること重視」の目的派と「行動重視」の手段派の意見の対立は、「理論と実践」に齟齬がなければ起こらないはずですが、往々にして現実は、理屈に合わないことが起きてしまうことも多くあります。

「中身が重要」なのはもちろんですが、そのために「一見不合理に見える『形』も重要」という現実は、特に正論を展開するのが得意な人にとっては肝に銘じておくべきことと言えるでしょう。要は、どちらを重視するにしても、手段と目的は「セットで一人前」であることを認識しておく必要があるのです。

「やわらかい頭」というのは、「柔軟に創造的な発想ができる」ことに加えて、頭で考えたことと現実との矛盾についても柔軟に対応できることが求められると言えるのかも知れません。

4　時間とお金は、同じもの？

「時は金なり」、英語でも“Time is Money”ということわざがあるように、時間とお金は同じようにたいせつなものだと言われます。今回は、この時間とお金の共通点を探ることで、思考の選択肢を広げることを試みてみます。

冒頭の格言というのは、日英いずれも「時間の重要さ」を教えるもので、「誰もが大事だとわかっている」お金に比較してその重要さを強調したものと言えます。ただしこれをさらに進めて考えてみると、文字通り「時間はお金と同じものだ」という側面が見えて来ます。忙しい人が多くなり、時間の重要性が高まってきている現代生活では、特にこの二つの類似性を考えることが重要になってきます。

どんな共通点が考えられるでしょうか？

1　有限である（ほとんどの人にとって）

2　何かを達成するために必要となる手段である（中には「お金が人生の目的」という人もいますが……）

3　そのための「やりくり」次第で、使い方の巧拙が分かれる

4　複数のものの間の「尺度」となって、優先順位付けがされる

……といったところでしょうか。

これらの共通点を考慮して、時間とお金が実は「同じもの」であると考えると、そこから様々な考えが広がっていきます。

二〇一二年に日本で公開された、『ＴＩＭＥ』というアメリカのＳＦ映画がありました。未来の世界で二五歳になると全ての人間の成長が止まり、その代わりに全員にある一定の時間が付与されてカウントダウンが始まります。その世界では、時間は全ていまのお金と同じような「価値の交換手段」となり、コーヒーを飲むと〇〇分を「払い」、逆に一日働けば給料として〇〇時間分かが「チャージされる」という具合になります。

こうして「残り時間を貯めた人」がいまで言う「金持ち」（時間持ち）となり、住

む場所まで残り時間で決まるという、まさにお金が全て時間に置き換えられる設定で、「時間とお金」に関して様々なことを考えさせられる映画です。

これはあくまでもＳＦの世界のことですが、現実にもお金から時間に関する教訓が得られたり、逆に時間からお金に関する教訓が得られたりします。いくつか例を挙げてみましょう。

私たちは訪問販売を受けたり、セールスの電話がかかってきたりしたときなど、「いま忙しいから」とか「時間がないから」という形で断ることがありますが、この言葉はほとんどの場合は「本当に物理的な時間が取れない」ということではなくて、「他にもっと大事なことがある」、すなわち「優先順位が低い」ということを意味し、また聞いている方も、うすうすそういうことだと感じ取ることができます（したがって、この場合に「ではいつ頃なら空いていますか？」というのは「野暮な質問」になります）。

このように時間の場合はわかりやすいのですが、お金の場合は意外にそうは考えない場合もあるのではないでしょうか？　例えば営業の場面で、お客から「予算がないから買えません」という言葉をもらうと、文字通り受け取って上司に「買わないのは

値段が高いから」と言われたまま報告する営業マンが少なからずいます。

「時間がない」と同様に「お金がない」というのも、結局は「優先順位が低い」と言われているだけです。一切何も買えない状況なら話は別ですが、本当の意味で「何も買えないほどお金がない」ということはほとんどないはずです。重要なのは、「値段が高いから」という理由であれば「売れないのは自分のせいではない」ことになりますが、「優先順位が低い」という理由であれば、「重要性をさらにアピールする」など自ら努力できることになります。

「思考停止」は、何かの原因を環境や他人のせいにしたときに起こります。全てが自分の責任だと考えている限り、「どうすればよいか？」という形で思考回路が起動するからです。

同様に、お金から時間に関する気づきがあるという、逆のパターンもあります。他人のお金を余計に使わせてしまった場合、これは非常にまずいことであり、場合によっては「弁償」しなければいけない状況なのは誰にもすぐにわかりますが、同じように他人の時間を余計に使わせてしまった場合は、そこまでの気持ちにはならないでしょう。

ところが、今の時代は、お金と同様に（あるいはそれ以上に）時間が貴重であると考えている人はたくさんいます。このような場合には、他人の時間を余計に使わせてしまっていることについての「申し訳なさ」も感じなければならないということが、お金の問題から学べることと言えます（「時は金なり」の応用ですね）。

人生皮肉なことに、時間に余裕があるときにはお金がなく（学生時代とか）、お金に余裕があるときには時間がない（残業続きで残業代がたまる時等）ということが往々にしてあります。「いまどちらがボトルネックか？」を意識してみると、「単にないものを嘆く」だけでなく、「貴重な資源の使い方」をそれぞれの状況の経験から学べば、有効活用するヒントが得られるのではないでしょうか。

例えば、お金については、「過去の使い道」を記録していることは個人（小遣い帳）でも、会社（財務レポート）でもよくありますが、時間についてこれをやっている人はいないでしょうし、逆に時間については、「将来の使い道」を、日単位で計画している（スケジュール帳）人がほとんどでしょうが、お金の使い道を日単位で考えている人はあまりいない……といったことです。

5 「同じ」と「違う」は大きく違う

私たちの周囲で頭のやわらかい人、あるいは柔軟な思考力を持った人というのは往々にして見た目ややる事が変わっている、「変人」であることがありますが、これはなぜなのでしょうか？

要するに頭のやわらかい人というのは、「他人と違う」ことをやるのです。

今回改めて考えてみたいのは、一般に反意語と考えられている「同じ」と「違う」ということの対比です。一見これらは「女性」と「男性」や、「年上」と「年下」のように対等に比較できる対立概念のように思えますが、実はこれらは対等のものではありません。一体どういう「違い」があるのかを考えてみましょう。

一つは、「同じ」は一通りであるのに対して、「違う」は無限に存在するということと

です。「去年と同じやり方」や「他人と同じ趣味」といった場合には基本的に一つのことを指しますが、「去年と違うやり方」や「他人と違う趣味」というのは数限りなくあるということです。

別の見方をすると、「同じ」ことをやったり考えたりするには何も考える必要がないですが、「違う」ことをするためにはいくつものオプションを考えた末にそれらの中から選択をするという、とても頭を使うプロセスが必要になるということです。

そして、「同じ」ことをするには理由はいらないが、「違う」ことをするには理由がいるということです。「去年と同じやり方」や「他人と同じこと」をするには理由が必要ありません（正確には「去年もやったから」とか「みんなそうやっているから」という、本当は理由にならない理由が簡単に受け入れられるからですが）が、「去年と違う」ことをやると必ず理由を聞かれますから、それに答えるためには常にその理由を考えておく必要があります。

このように考えると、第3章「常識は非常識、非常識は常識」で取り上げた「常識」という言葉は、「同じ」か「違う」かという観点からも思考停止を招く言葉と捉えることができます。「それは常識だ」とか「常識にしたがって行動しなさい」という言い方は、たいていの場合「そのようにすれば、分別があるということだ」という肯定的な意味合いを持つように思えます。

しかし、考えてみれば「常識的な人」というのは「大多数の人に合わせる人」、つまりは「他人と同じことをする人」を意味します。そう考えると、「非常識な人」の方が、実はいろいろと考えて行動する必要があるのです。

それはまさに前述した特に二つ目に挙げた違いによるもので、非常識であるためには「理由が必要」であり、大変なのです。これが冒頭に挙げた、発想の豊かな人が変わった人であることが多い理由と言えます。

特に「出る杭は打たれる」という日本社会の中では、他人と違うことをやると必ず周囲の人間からたたかれます。それに対抗して生きて行くためには必ず「理由」が必要で、個人としても確固たる「哲学」が必要です。みなさんの周囲にいる「分別のある常識人」よりも一見「頑固な変人」と思われている人の方が自分の考えを持っていて、単に他人と同じことをするよりは柔軟な発想ができるのかもしれません。

「一律でコストを◯%カット」

「とにかく全部大事」

このような言葉がビジネスの場や日常生活で聞かれることがありますが、これらは大抵の場合は典型的な思考停止の状態です。ここまで読んでおわかりのように、これらは「全て同じにしよう」ということを意味しています。逆に「差をつける」には無限にやり方があると同時に、差をつけるためには（差をつけられた人たちへの）説明のための明確な理由が必要になります。

普段から頭をやわらかくして考えるための一つのきっかけとして、安易に「一律……」という言葉を使うのをやめてみてはどうでしょうか。常に「違う」ことをやると意識することが、自分の頭を使って考えることの練習になるのです。

6 決定論と確率論
――「万馬券」を買える人、買えない人

競馬やスポーツくじ等で、たまに「大穴」が出たというニュースが出ます。いわゆる「万馬券」というのは、一〇〇円が数万円という「数百倍」に増えるわけで、万一、一万円でも買っていようものなら、それが何百万円になるわけですから、それは文字通り笑いが止まりません。サッカー等のスポーツくじではさらにその倍率が上がることもあります。

このようなニュースを聞いて、「自分もせめて一〇〇円でも買っていれば……」と言う人がいますが、こういうセリフを言う人が実際にこのような「穴馬券」を手にすることはまずないと言えます。それは単に確率が低いという問題だけでなく、おそらく本人もほとんど自覚していない「思考回路」にも起因しているからです。

ここでは、このような不確実性の高いものに対する考え方の違いについて考えてみましょう。

人間には大きく「確率論」で考える人と「決定論」で考える人がいます。必ずしも常にどちらか一方の思考回路という人だけでなく、時と場合によってこれらを使い分けている人もいますが、たいていの人はどちらかに偏っている傾向があり、どちらかといえば「決定論」で考える人の方が多数派です。

それではこれらの思考回路はどのように異なっているかを下表で見ていきましょう。

まず基本的なスタンスですが、決定論というのは、結果には必ずしかるべき原因があり、逆にいうと原因さえ明確であれば、その後物事がどのように進んでいくかはそれらによって必ず予測ができるという発想です。

これに対して、確率論というのは、物事の挙動は最終的

決定論	確率論
結果はすべて原因で説明できる	結果は時の運
うまくやれば必ず成功する	うまくやればある確率で成功する
失敗はやり方が悪いから	失敗はやり方と運のせい
失敗をひきずる（二度とやらない）	失敗したら次に行く

にはある確率をもって決定されるが、それを一つの結果として予想することはできないという発想です。つまり、決定論では成功も失敗もすべてやり方が良かった（あるいは悪かった）からということになりますが、確率論では、（それまでは「人事を尽くす」としても）「最終的には成功も失敗も時の運」という発想です。成功や失敗の確率をコントロールしたり予想したりすることは、ある程度までしかできないというのが大前提です。

結果として、決定論の人は「結果」が悪ければ、やってしまったことを「やるべきではなかった」といつまでも後悔します。なぜなら、失敗したということは、やると決めた自分の意思決定なりやり方が間違っていたと考えるからです。対して確率論の人は、「最善を尽くしても運が悪かった」とすぐに立ち直って次の挑戦に臨みます。

例えば「穴馬券」のように確率論の人からすれば「やってみなければわからない」と考えるような、ギャンブル、株式投資、新規事業のようなものに対しての投資の意思決定をする場面でも、決定論の人は、「過去の因果関係やデータ」を最も信用します。なぜなら、「過去に起こったことが必ず将来につながっている」という、絶対的な因果関係を信じるというのが決定論の前提だからです。こう考えると、基本的に決定論の人は「過去の成功した結果の集大成」で物事を判断することになります。その方が論理やデータでの裏付けが簡単で、きちんと「結果が出ている」ものだからです。

要は決定論の人というのは基本的に過去志向、すなわち物事が「起こった後で」それを論ずるという思考回路になっているのです。よくも悪くも、「起こったことを説明する」ことが得意だということです。

そう考えればなぜ「買っておけばよかった」とは思っても実際に買う可能性がほとんどないのかがわかります。本人も気づいていないことが多いですが、基本的に「成功する確率が低い将来の事象」に取り組むという発想がないからです。

逆に「確率論」の考え方の人は、基本的に「やってみなければわからない」というスタンスなので、必ずしも過去に起こったことが次も起きるという前提では考えません。その結果として将来に対してリスクをとって、大胆に発言したり行動したりします。将来に対して行動することは、間違えるリスクをとるというなにげないことを、決定論型の思考回路の人は理解していません。だから終わってから、「自分もそうで

きたのではないか」という誤解を持ってしまうのです。

不確実性が高い意思決定をしたりする場面で、結果が出る前と結果が出た後で両者の思考回路は大きく異なります。

決定論の人というのは、結果が出た途端に態度が豹変します。「終わりよければすべて良し」と、ある意味わかりやすい思考回路です。世の中の新しい動きについても、はじめのうちは（実績がないので）懐疑的でひややかな目でみています。実績があるもの、過去に成功したもの、そのような理由で前評判が高いもの（馬券で言えば本命）を常に良しとし、逆に過去の実績がないものはひややかに見ています。ところがこのようなものでも、有名人や有名企業が採用するといった形で「結果」が出た途端に態度や評価が一変しますが、しょせんこの時点ではもう後追いになってしまっています。

一方、確率論の人は、不確実性の高い意思決定は、事前のプロセスで最善を尽くしてもしょせん失敗する可能性もあることを自覚していますから、意思決定前に「うまくいくはずがない」と決定論の人に言われても動じないと同時に、もしうまくいったとしても、そこで傲慢になることもありません。要は結果が出る前後で態度や姿勢が変わることはないのです。

ここまでお話しして想像がつくと思いますが、確率論者というのは、常に不確実性が高い状況で挑戦し続ける、起業家精神を持った人に多く、逆に決定論者というのは、ある程度確立された、不確実性の低い安定した世界に生きている人に多い傾向があります。

また、能動的に「まず前に出て発言する」人は、「リスクを取って先に動く」という点で確率論的な発想になることが多く、受動的に「他人がやったことにコメントする」タイプの人は、「結果が確定してリスクのない状態で動く」という点で決定論的な発想になります。

冒頭の話では「馬券」にたとえましたが、不確実性の高い何かに挑戦する人というのは、常にその時点で傍観している決定論の人からは嘲笑されます。ただし、ある(低い)確率でそれが成功した折には、それを見ていた決定論者は「自分もそうしておけば……」と、決して起こり得なかった事象を「後付けで」語ることになります。

何か新しいことをするときに、他者の事例を参考にすることはよく行われますが、この場合にも決定論の人が求めるのは、とにかく成功した事例です。逆に一時期成功事例としてもてはやされたものでもその人や会社がその後うまくいかなくなった場合には決定論者は「やはりあれは間違いだった」と、あくまでも結果論でものを判断します。

対して確率論者というのは、その事例が、その「行われた時点」での最適の判断がされたものかどうかで参考にするかどうかを判断します。必ずしも結果がうまくいかなくても、あるいはその人や会社がその後に失敗してしまっても、それは事例そのものの善し悪しとは異なると判断するのです。

このような話は「リスクが取れるか取れないか?」という視点に加えて、実は根本的な思考回路にもその違いが起因していることを考慮することは重要です。

もう少し卑近な議論への応用として、一見異なるように見えながら、根っこは同じ議論に「夢は努力すればかなうか?」という、「永遠の議論」とも呼べる話題があります。ここでも、決定論者と確率論者の議論はかみ合いません。

決定論者はあくまでも結果で判断し、かつ「必ず成功しなければ成功要因ではない」というスタンスを取りますから、一人でも努力がかなわない人がいれば、その事例を持ち出して、「○○さんも××さんもあんなにやっているのに、夢はかなっていない。だからそれは間違いだ」と結論づけます。

ところがもともと確率論で考えている人は、努力しているのに夢がかなっていない人が一人や二人いてもそれはもともと計算に織り込み済みで、だからといってその論がおかしいとは全く思わないのです。

言い換えれば、決定論者は成功要因が「十分条件」（努力すれば必ず夢はかなう）でなければならないと考えますが、確率論者はそれを「必要条件」（少なくとも努力しなければ夢はかなわない）でよいととらえるのです。

ただし、確率論者は失敗しても「数を打つ」ことを常に考えて「夢をかなえるまで」挑戦し続けます。だから、実質的には「必ずかなう」と信じているように見えるのです。

つまりこれらの人たちは、もともと勝負している「土俵」そのものが異なっているのです。他人の「穴馬券」に、「あの人は運がよかった」と思っている時点でもともとその土俵にすら上がっていないのです。「たかが馬券の話だから……」とも思いがちですが、「終わったこと、他人がやったこと、言ったことを見てから発想する」という思考の癖は、そう簡単に切り替えられるものではないと言えます。

7 「自由度の大小」の視点を持つ

「自由でありたい」というのは、私たちが何かにつけて持つ感情と言えます。

ここでは改めて「自由である」とはどういうことなのか、逆に「自由でない」とはどういうことなのかを、身の回りの様々な場面で考えてみましょう。

「自由に生きている」人がいたり、「不自由な思いをしている」人がいたりするというのは、私たちが普段感じていることですが、実は私たちは皆、日常生活や仕事の中で、暗黙のうちに「自由度」の大小を考えながらやりたいことを選択したり、進むべき方向性の意思決定をしたりしています。一見誰でも常に「自由」を欲しているようでありながら、実は制約されることを好んでいたりもするのです。

身近なところで、私たちが購入する商品やサービスを考えてみましょう。

例えば衣服であれば、お店にあるものをそのまま購入する「つるし」から、完全なオーダーメイドまで、様々なバリエーションの買い方があります。同様に、車を買うのでも家を買うのでも、「カスタマイズ」とか「自由設計」という名前で、基本セットを自分なりに「自由に」変更したり、場合によっては一から一〇〇パーセント自分に合わせて設計したりすることが可能です。同様なことは、レストランや旅行等の「メニュー」になっているものの「オプション」といった形でも実現されています。

自由に選択ができるのは、比較的高額商品が中心ですが、例えば文房具や家電等の色やデザイン等の自由度の高いものも人気があります。

このような商品やサービスだけでなく、仕事でも自由度の低い状況と高い状況があります。わかりやすい例で言えば、制服があるか、勤務時間や就業規則がどこまで厳格に決まっているかといったことから、個々の業務についても、「マニュアル通りにすること」や「上司の言われた通りにやること」が求められる仕事もあれば、「全て自分で考えてやる」状況の仕事もあります。

さらに言えば、仕事の「依頼の仕方」というのも様々な「自由度」があります。

「こんな感じで」という、きわめて曖昧な（＝自由度の高い）依頼もあれば、「インターネットでAとBとCというキーワードで検索して、そのなかで出てくる情報をこういう切り口で比較してこういう体裁のグラフを作って……」と事細かに手順まで指示するという、大きく分ければ二通りの方向性があります。山登りにたとえれば、「とにかくこの時間内に山頂まで来て」という「到達目標」だけ指示するのと、地図やルートや道具の使い方まで「登り方」を事細かに指示するのとの違いです。

ここで考えてみたいのが、これら商品やサービス、あるいは仕事の指示の仕方の様々なオプションにおける共通の「自由度の高低」による特徴の違いやメリット・デメリットです。両者の特徴をまとめて下表に示します。

自由度が高いことのわかりやすい長所は、自分の個性や

自由度高い	自由度低い
好みに合わせられる	好みに合わせられない
手間がかかる	手間がかからない
ぶれが大きい	ぶれが小さい
選択に責任がある	選択に責任がない

思考に好きなように合わせることができるということです。逆に自由度が低い状態というのは、多かれ少なかれ「服に体を合わせる」ことが必要になってきます。これが、自由度が高いことの最大のメリットです。人間が自分らしく生きるためには非常に重要なことで、他人に「強制」されることなく自由に生きるというのは人類が長年かけて実現しようとしてきた基本的な生活の権利とも言えるものです。

ここまでは誰もが思いつく「自由であることのメリット」なのですが、そのためにはいくつか犠牲にすることや、自由度が高いことのデメリットは意外に忘れられがちですので、それらを改めて表の項目を中心に考えてみましょう。

一つ目は、先の商品の例で考えればわかりますが、自由度が高いものは「手間がかかる」ということです。したがって自由設計やオーダーメイドのものは注文を個別に聞いて、製品ごとに材料や製法が異なるために、当然それが値段に跳ね返って高くなります。仕事でも同様で、自由度が高いということは、自分でやり方を考えたり調べ物をしたりといった具合に、自分の手間は多くなってきます。

続いての「デメリット」は、「結果のぶれが大きくなる」ということです。商品で

も仕事でも「自由度が高い」ものというのは、どうしても出来映えのばらつきが大きくなります。ただしこれは、良い方にも悪い方にも幅が大きくなるということなので、必ずしもデメリットばかりとは言えません。

一般に「リスクが大きい」というと、悪い方だけの振れ幅の大きさを指すことが多いですが、このように一般に振れ幅というのは、必ず善悪両側がセットになりますので、良い面と悪い面の両方が考えられるということです。

最後のポイントは、自由には必ず責任が伴うということです。上述の通り、自由度の高い選択をするということは、著しく良い結果が期待できる反面、悪い結果が出る可能性も高くなってきます。どちらの場合でもその選択をしたのは自分であるという当たり前の事実を認識していなければ、自由を選ぶ資格はありません。

ここまでの「自由度の高さ」に関してのメリット・デメリットから何が言えるでしょうか？　実は「自由であること」はどんな状況でも万人が望むわけではなく、状況や性格によって「制約されることを好む人」や「制約がなくなると困る人」がいるのです。

商品でも、「お好きなデザインにします」と言われても、普段そういう好みがない人は、「適当にやって」と言いたくなるでしょう。これは制約があることのメリットである「頭を使わなくてよい」「楽ができる」といったことを享受したいことの明確な意思表示と言えます。おまけに自由にデザインして失敗したら、それは全て「自分が招いたこと」ですから、誰の責任にもできません。

この他にも、例えば「面倒見が良い（あるいは悪い）」という表現も、人が必ずしも自由を望んでいないことの一つの象徴です。「面倒見が良い会社」とか「面倒見が良い学校」と聞いて、大抵の人は肯定的に捉えるはずですが、よく考えてみれば、「手取り足取り」やってもらうということは自由度が奪われている（代わりに楽をして責任も取らなくてよい）ことを意味します。

本当に「自由度が高い」ことを好む人にとって「面倒見が良い」というのは、「うっとうしい」以外の何物でもありません。それなのに肯定的に捉えられているということは、実は大部分の人は「制約されること」を望んでいるのです。

これは個人の能力や性格にもよりますが、一人の人間の中でも領域によって傾向があると思います。概ね自分に自信やこだわりがある分野では自由度が高いことを好み、逆に自信やこだわりがない分野では自由度は低い方が楽だと考える傾向があるでしょう。だから意外に、「自由度が低い」ことが求められる状況の方が実は多いのです。

本書のテーマである、やわらかい頭で考えるというのは、「自由度を高くして考える」ということです。ここまで議論してきたメリットやデメリットというのは、そのまま「考える」ということにもあてはまると言えます。

それらの特徴を考慮して、様々な自由度で考えるということのメリットとデメリットを状況に応じてうまく使い分けてみることが重要と言えるでしょう。例えば職場での上司と部下の間のコミュニケーションなど、自由度が高いのが良い場合（人）、悪い場合（人）というのを意識すると、意外に人間関係や仕事の依頼がうまくいくのではないでしょうか？

8 仕事を選ぶための意外な視点とは？

仕事選びにおいても、やわらかい頭の使い方を適用してみましょう。

新卒学生に限らず、中途入社や転職組も含めて、私たちが仕事を選ぶ上で考える視点としてどんなものがあるでしょうか？

まず考えられるのは、やりたい仕事を「業界」で選ぶことです。製造業、サービス業、金融業等といった大きな括りの他、例えば製造業の中でも対象とする製品によって、自動車や電機等さらに細分化できます。

続いて考えられるのが「職種」です。営業や経理、技術や人事といった部門別に仕事内容も大きく変わります。

ある程度これら業界や職種を考慮した上で、あとは「会社の規模」や「年収」といった、数字で比較できる尺度を基にして会社を決めるといったパターンが一般的でしょう。

ここまでは一般的な職業選択の視点です。恐らく就職対策も「業界別」や「職種別」という視点で見て行くのがほとんどでしょう。特に中途入社の転職組では、それまでの経験は業界・職種で見られるのが普通です。

ところが実は、これ以外にも他の視点で様々な職業を分類してみると、一見全く違う業界や職種のように見えながら、意外な共通点があることがわかってきます。それによって、業界や職種とは全く別の視点も含めて、多面的に自分の性格やスキルを考慮した適切な職業選びができる可能性があります。

仕事を見る上での視点や考えるための軸の例を、いくつか挙げましょう。

一つは、「ちゃんとやって当たり前の仕事」vs.「うまくやると拍手喝采をもらえる仕事」という軸です。仕事に対する評価が「引き算型」と「足し算型」ということもできます。前者の代表例はスポーツの審判です。審判員というのは、ある意味「存在感がない」ことが最高のパフォーマンスということになります。審判員にスポットライトが当たってしまうのは、大抵の場合誤審等、マイナスの場合です。この観点で行

けば似たような職種は会社の中で言えば、品質保証部門（ある意味製品の「審判員」）や、財務報告を作る経理部門がこれに相当するでしょう。

このような職業は、プレイヤーが問題なくプレイできるための基盤を支えるという点で非常に重要な仕事であるというやりがいがある半面、「ちゃんとやって当たり前」で賞賛を浴びることはめったにないという、非常につらい側面を共通して持っています。

続いての例は「顧客の特性」で、「一見（いちげん）さん中心のビジネス」vs.「リピーター中心のビジネス」という軸です。例えば前者の例は、街中の流しのタクシー、観光地の土産物屋、旅行の添乗員等が挙げられるでしょう。これらの商売では大抵の場合顧客は「一期一会」で、同じ顧客に再び出会うことはほとんどないと言えます。会社の中でも同じように、不特定多数の顧客に対しての事業や製品の担当者もいれば、特定顧客に対してある程度固定的におつきあいする担当者もいます。

これは、個人の性格や能力による「向き不向き」にも関連してきます。「一見さんビジネス」に向いているのは、何と言っても「第一印象の濃い（もちろん良い意味で）人」です。逆にスロースターター型の、「第一印象は薄いが、徐々に信頼されてくる人」は後者のビジネスで絶大なる威力を発揮します。つまり、よくいる「口下手でも売れる営業マン」というのは、後者のビジネスに見られる可能性が非常に高いと言えます。

逆に良くも悪くも「話を膨らませる人」というのは、一見さんビジネスではある程度の実績を上げることはできても、リピーターが多いビジネスではいずれ信頼を失って行くことになります。このように、こうした職業の「特性」によって適材適所が分かれ、それは往々にして「業界」や「職種」とは異なる視点によって決まるのです。

これ以外にも、異業種や異なる製品の間で共通してみられる職業の視点としては、以下のようなものが考えられます。

・「舞台を作る側」と「演じる側」（「プラットフォーム提供者」と「コンテンツ提供者」の関係等）
・「自分がお客になれる仕事」と「なれない仕事」（後者の例……法人相手のビジネス）
・「論理が通用しやすい仕事」と「通用しにくい仕事」（前者の例……法人相手のビジネス、後者の例……特定個人相手のビジネス）
・「組織∨個人」vs.「個人∨組織」（後者の例……顧客からの「指名」がある職業）
・一つの仕事のサイクルの長短（週次、月次、半年、一年、数年……）
・成功に必要な「才能」「努力」「運」の割合（才能で決まる職業と、努力の度合が大きい職業、結局運の要素が大きい職業等）

単に業界や職種のみで仕事を選ぶのではなく、様々な視点で職業を見てみれば、意外に自分の性格や好みにあった仕事を見つけられることもあるのではないでしょうか？　ポイントはこれらの軸のどこに位置するかで、自分の強みが活かせるかどうかが決まるということです。

これはある会社に入ってから、どこに配属されるかでも同じことが言えます。このような「軸」で眺めてみれば、意外に同じ会社の中でも全く逆の性質の仕事もあれば、全く別業界でも、実は「仕事の成功要因」が同じところにある職種もあるものです。

社外や別業界の人の話も、こうした軸を持って参考にすれば、必ず自分の仕事との類似点を発見でき、役立てるポイントを探すことができるでしょう。

おわりに

本書による「頭の柔軟体操」はいかがでしたでしょうか？

「頭をやわらかくする」のに最も重要かつ難しいことはなんでしょうか？

それは「まず頭の柔軟性がない（失われつつある）自分を認識する」ことだと思います。何事もそうですが、問題というのは認識した時点でほとんど解決したも同然なのです。よく言われる話ですが、「コミュニケーション力を上げるための本」を本当にコミュニケーションが下手な人は読まないし、「ダメ上司のための本」を「本当のダメ上司」は決して読まないのです。逆に言えば何事も「気づいていない」というのが最も重大な問題ということになります。

その観点で言えば、本書を手にとられた方は、その時点ですでに普通の人に比べれば相当「頭がやわらかい」ことを意味します（「はじめに」で述べた「第一関門を突破した」というのはこのことです）。したがって、あとは具体的な手法を試して実践し、定着化してもらうだけです。

少し乱暴な言い方をすれば、世の中には二通りの人しかいません。それは「本を読む人」と「本を読まない人」です。この大きな違いは何でしょうか？　もちろん本を読まない人も日々テレビやインターネットで様々な情報を収集していることは間違いありません。

本書の内容に即して、その大きな違いを一つ挙げるならば、それは内容の「抽象度」の違いです。抽象度が高いというのは、「上流型」の発想であることは第2章で述べた通りです。つまり、本を読むというのは、受動的ではなく能動的で、個別バラバラではなく全体を統合して考えることにより、抽象度の高い思考と具体的な行動との間で「具体と抽象の往復」（第4章）を実践することを意味します。

以上、ここまで読んだみなさんは「二つの点」から、すでに頭の柔軟体操の入り口のステップをクリアーしたことになります。日常生活において新しい視点で日々の仕事やものの考え方に変化をもたらして充実した人生とするために、本書の各章がその手助けになることを祈っています。

本書は「Web ちくま」にて二〇一三年一〇月から約一年間連載した記事を基に、

加筆・再構成をして単行本化したものです。

Web 連載時より各テーマのメッセージを毎回鋭い切り口で「あるある」というイラストにしていただいたヨシタケシンスケ様、とても楽しい本に仕上げていただいた文平銀座の寄藤文平様、鈴木千佳子様、また常に「読者視点」でのコメントをいただいてより理解しやすい内容に編集していただいた筑摩書房の羽田雅美さんに感謝致します。

二〇一五年二月

細谷　功

文庫版あとがき

本書のオリジナル版の刊行は二〇一五年でした。それから八年の間に世界はどのように変わったでしょうか？　世界中に大きな影響を与えた、記憶に新しいものとしては二〇一九年末から三年余り続き、ついに収束を迎えつつあるコロナ禍が挙げられます。ほかにも気候変動や環境保護への意識の高まり、ウクライナ戦争や米中関係といった地政学的な状況の変化、さらにはデジタル革命の進展といったものがあります。

これらをまとめて表現すれば、「私たちの生活がよりグローバルにつながり、その変化の影響が速く大規模になることで不確実で先が読めない時代が加速している」ということになるでしょうか。

このような時代には、本書のテーマである「やわらかい頭」の重要性はさらに上がっているのではないかと思います。過去の前例がそのままでは通用しない、変化が激しい時代には、世にあふれる膨大な情報から適切なものを取捨選択して「自分の頭で考えて意思決定する」ことがさらに求められてきます。そのために必要なのが、本書で表現したような「やわらかい頭」なのです。

さらにこのような動きに拍車をかけているのが、ChatGPTをはじめとする生成AIです。人類が蓄積してきた情報や知識を「ほとんど全部知っている」AIをいかに活用できるかは、私たち人間の側にかかっています。そこではこれまでのように「いかに大量の知識を持っているか」ではなく、膨大なAIの知識を「いかに引き出せるか」という、いわゆる「プロンプト・エンジニアリング」のスキルが求められます。

では、プロンプト・エンジニアリングに必要なことは何なのでしょうか？　それはある意味で彫刻に似ていると言えます。彫刻というのは、物理的には無から有を生み出す絵画や塑像のような「足し算」型のものとは逆に、大きな石や木等を削り取って特定の像を導き出すという「引き算型」の発想が求められると考えられます。

ＡＩは、全ての人類の知識の集大成（間違いも含めて）ということもできます。したがって、知識量で人間が勝負することにはあまり意味がありません。むしろまさに彫刻型で、いかにそこから引き算をして意味のある新たな知見を見出していくのか、そこに必要なのは単なる記憶から来る知識量というよりは、特定の目的や問題意識を持った固有の視点です。

そのためには偏見や先入観を取り払って多様な視点で対象の事象を観察し、真贋を見極めた上で固有の見解を見出す、まさに「やわらかい頭」が求められるのです。そのために必要なヒントを、本書が文庫版で新たな多数の読者に提供できればと思います。

最後に文庫化に際して、本書のメッセージをイラストで異なる視点から的確に後押ししていただいているヨシタケシンスケさん、カバーと帯をデザインしていただいた文平銀座の寄藤文平さん、垣内晴さん、また新しい形で世に出していただいた編集の羽田雅美さんはじめ筑摩書房の校閲、営業等関係者の皆様、さらには印刷・物流や販売で本書を読者に届けていただく、全ての皆様に改めて感謝致します。

二〇二三年九月　細谷　功

本書は、二〇一五年三月筑摩書房より刊行されました。

仕事に生かす地頭力　細谷功

仕事とは何なのか？　本当に考えるとはどういうことか？　ストーリー仕立てで地頭力の本質を学び、問題解決能力が自然に育つ本。（海老原嗣生）

しかもフタが無い　ヨシタケシンスケ

「絵本の種」となるアイデアスケッチがそのまま本に。くすっと笑えて、なぜかほっとするイラスト集です。ヨシタケさんの「頭の中」に読者をご招待！

新版 一生モノの勉強法　鎌田浩毅

京大人気No.1教授が長年実践している時間術、ツール術、読書術から人脈術まで、最適の戦略を余すところなく大公開。「人間力を磨く」学び方とは？

戦略読書日記　楠木建

『一勝九敗』から『日本永代蔵』まで。競争戦略の第一人者が自著を含む22冊の本との対話を通じて考えた戦略と経営の本質。（出口治明）

質問力　齋藤孝

コミュニケーション上達の秘訣は質問力にあり！　これさえ磨けば、初対面の人からも深い話が引き出せる。話題の本の、待望の文庫化。（斎藤兆史）

段取り力　齋藤孝

仕事でも勉強でも、うまくいかない時は「段取りが悪かったのではないか」と思えば道が開かれる。段取り名人となるコツを伝授する！（池上彰）

コメント力　齋藤孝

オリジナリティのあるコメントを言えるかどうかで「おもしろい人」、「できる人」という評価が決まる。優れたコメントに学べ！

齋藤孝の速読塾　齋藤孝

二割読書法、キーワード探し、呼吸法から本の選び方まで著者が実践する「脳が活性化し理解力が高まる」夢の読書法を大公開！（水道橋博士）

仕事力　齋藤孝

「仕事力」をつけて自由になろう！　課題を小さく明確なことに落とし込み、2週間で集中して取り組めば、必ずできる人になる。（海老原嗣生）

前向き力　齋藤孝

「がんばっているのに、うまくいかない」あなた。ちょっと力を抜いて、くよくよ、ごちゃごちゃから抜け出すとすっきりうまくいきます。（名越康文）

不合理な地球人　ハワード・S・ダンフォード

なぜ私たちはわざわざ損をする行動をしてしまうのか。その判断に至る心の仕組みを解き明かす。宇宙一わかりやすい行動経済学入門。

トランプ自伝　ドナルド・トランプ／トニー・シュウォーツ　相原真理子訳

一代で巨万の富を築いたアメリカの不動産王ドナルド・トランプが、その華麗なる取引の手法を赤裸々に明かす。（ロバート・キヨサキ）

かかわり方のまなび方　西村佳哲

「仕事」の先には必ず人が居る。自分を人を十全に活かすこと。それが「いい仕事」につながる。その方策を探った働き方研究第三弾。（向谷地生良）

味方をふやす技術　藤原和博

他人とのつながりがなければ、生きてゆけない。でも味方をふやすためには、嫌われる覚悟も必要だ。ほんとうに豊かな人間関係を築くために！

人生の教科書［おかねとしあわせ］　藤原和博

「人との絆を深める使い方だけが、幸せを導く」――こう断言する著者が実践してきた幸せになるお金の使い方、18の法則とは？（木暮太一）

必ず食える1％の人になる方法　藤原和博

「100人に1人」なら、無理しなくても誰でもなれる！クリアすべき、たった7つの条件とは何か。文庫版特典は、キングコング西野亮廣氏との対談。

10年後、君に仕事はあるのか？　藤原和博

AIの登場、コロナの出現で仕事も生き方も激変する。小さなクレジット（信任）を積み重ねて、生き残る方法とは？　文庫版特典は、橘玲の書き下ろし。

処生術　藤原和博

著者のデビュー作品であり活動の原点となった『処生術』を大幅にリニューアル。自分の人生の主人公になるには？　文庫版特典は、勝間和代の書き下ろし。

35歳の教科書　藤原和博

「みんな一緒」から「それぞれ一人一人」になったこの時代、新しい大人になるため、生きるための自分だけの戦略をどうたてるのか？（古市憲寿）

45歳の教科書　藤原和博

「40代半ばの決断」が人生全体の充実度を決める。元気が湧いてくる人生戦略論。迷える世代に向けてのアドバイス。巻末に為末大氏との対談を附す。

あなたの話はなぜ「通じない」のか　山田ズーニー

進研ゼミの小論文メソッドを開発し、考える力、書く力の育成に尽力してきた著者が「話が通じるための技術」を基礎のキソから懇切丁寧に伝授！

働くためのコミュニケーション力　半年で職場の星になる！　山田ズーニー

職場での人付合いや効果的な「自己紹介」の仕方など最初の一歩から、企画書、メールの書き方など実践的技術まで。会社で役立つチカラが身につく本。

スタバではグランデを買え！　吉本佳生

身近な生活で接するものやサービスの価格を、やさしい経済学で読み解く。「取引コスト」という概念で学ぶ、消費者のための経済学入門。（西村喜良）

横井軍平ゲーム館　横井軍平　牧野武文

数々のヒット商品を生み出した任天堂の天才開発者・横井軍平。知られざる開発秘話とクリエイター哲学を語った貴重なインタビュー。（ブルボン小林）

ちゃんと食べてる？　有元葉子

元気に豊かに生きるための料理とは？　食材や道具の選び方、おいしさを引き出すコツなど、著者の台所の哲学がぎゅっとつまった一冊。（高橋みどり）

昭和の洋食　平成のカフェ飯　阿古真理

小津安二郎『お茶漬の味』から漫画『きのう何食べた？』まで、家庭料理はどのように描かれてきたか。食と家族と社会の変化を読み解く。（上野千鶴子）

イギリス人の知恵に学ぶ「これだけはしてはいけない」夫婦のルール　ブランチ・エバット　井形慶子監訳

一九一三年に刊行され、イギリスで時代を超えて読み継がれてきたロングセラーの復刻版。現代の日本でも妙に納得できるところが不思議。

よみがえれ！　老朽家屋　井形慶子

吉祥寺商店街近くの昭和の一軒家を格安でリフォーム、念願の店舗付住宅を手に入れるまで。住宅エッセイの話題作、ついに文庫化！

突撃！　ロンドンに家を買う　井形慶子

ロンドンの中古物件は古いほど価値がある。夢を果たすために東奔西走、お屋敷から公団住宅まで歩いて知った英国式「理想の家」の買い方。（菊地邦夫）

英語に強くなる本　岩田一男

昭和を代表するベストセラー、待望の復刊。暗記やテクニックではなく本質を踏まえた学習法は今も新鮮なわかりやすさをお届けします。（晴山陽一）

英単語記憶術　岩田一男

語を構成する語源を捉えることで、語の成り立ちを理解することを説き、丸暗記では得られない体系的な英単語習得を提案する50年前の名著復刊。

英熟語記憶術　岩田一男

英語のマスターは熟語の征服にかかっている！　単語を英語的な発想法で系統的にとらえることにより、派生する熟語を自然に理解できるよう目指す。

英絵辞典　岩田一男／真鍋博

真鍋博のポップで精緻なイラストで描かれた日常生活の205の場面に、6000語の英単語を配したビジュアル英単語辞典。（マーティン・ジャナル）

サヨナラ、学校化社会　上野千鶴子

東大に来て驚いた。現在を未来のための手段とし、偏差値一本で評価を求める若者。ここからどう脱却する？　丁々発止の議論満載。（北田暁大）

パーソナリティ障害がわかる本　岡田尊司

性格は変えられる。「パーソナリティ障害」を「個性」に変えるために、本人や周囲の人がどう対応し、どう工夫したらよいかがわかる。（山登敬之）

病める母親とその子どもたち　岡田尊司

不安定な親に育てられる子どもは、発達や人格形成において、どんな困難に直面しているのか。母と子の葛藤に寄り添い、克服の道を探る。（咲セリ）

学校って何だろう　苅谷剛彦

「なぜ勉強しなければいけないの？」「校則って必要なの？」等、これまでの常識を問いなおし、学ぶ意味を再び摑むための基本図書。（小山内美江子）

独学のすすめ　加藤秀俊

教育の混迷と意欲の喪失には出口が見えないが、IT技術は「独学」の可能性を広げている。「やる気」という視点から教育の原点に迫る。（竹内洋）

愛の本　菅野仁・文／たなか鮎子・絵

他人との〈つながり〉はどう距離をとり、育んでいけばよいのか。名著『友だち幻想』へと続くテーマを著者が考え続け、優しくつづった幸福のデザイン。

バナナの皮はなぜすべるのか？　黒木夏美

定番ギャグ「バナナの皮すべり」はどのように生まれたのか？　マンガ、映画、文学……あらゆるメディアを調べつくす。（パオロ・マッツァリーノ）

わたしの三面鏡　沢村貞子

七十歳を越えた「脇役女優」が日々の暮らしと、一喜一憂する心を綴ったエッセイ集。気丈に、しかし心おだやかに生きる明治女の矜持。（近藤晋）

老いの道づれ　沢村貞子

夫が生前書き残した「別れの手紙」には感謝の言葉が綴られていた。著者最晩年のエッセイ集。巻末に黒柳徹子氏との対談を収録。（岡崎栄）

家族を亡くしたあなたに　キャサリン・M・サンダーズ　白根美保子訳

家族や大切な人を失ったあとには深い悲しみが長く続く。悲しみのプロセスを理解し乗り越えるための、思いやりにあふれたアドバイス。（中下大樹）

本番に強くなる　白石豊

メンタルコーチである著者が、禅やヨーガの方法をとりいれつつ、強い心の作り方を解説する。「ここ一番」で力が出ないというあなたに！（天外伺朗）

増補　オオカミ少女はいなかった　鈴木光太郎

サブリミナル効果は捏造だった？　虹が3色にしか見えない民族がいる？　否定されているのによみがえる、心理学の誤信や迷信を読み解く。

子は親を救うために「心の病」になる　高橋和巳

子は親が好きだからこそ「心の病」になり、親を救おうとしている。精神科医である著者が説く、親子という「生きづらさ」の原点とその解決法。

人は変われる　高橋和巳

人は大人になった後でこそ、自分を変えられる。多くの事例をあげ「運命を変えて、どう生きるか」を考察した名著、待望の文庫化。（中江有里）

消えたい　高橋和巳

自殺欲求を「消えたい」と表現する、親から虐待された人々。彼らの育ち方、その後の人生、苦しみを丁寧にたどり、人間の幸せの意味を考える。（橋本治）

酒のさかな　高橋みどり

ささっと切ったり合わせたり、気のきいた器にちょっと盛ればでき上がり。ついつい酒が進む、名店「にぼし」店主・船田さんの無敵の肴98品を紹介。

他人（ひと）のセックスを見ながら考えた　田房永子

人気の漫画家が、かつてエロ本ライターとして取材した風俗やAVから、テレビやアイドルに至るまで、男女の欲望と快楽を考える。（樋口毅宏）

老いの生きかた　鶴見俊輔編

限られた時間の中で、いかに充実した人生を過ごすかを探る十八篇の名文。来るべき日にむけて考えるヒントになるエッセイ集。

思考の整理学　外山滋比古

アイディアを軽やかに離陸させ、思考をのびのびと飛行させる方法を、広い視野とシャープな論理で知られる著者が、明快に提示する。

忘却の整理学　外山滋比古

人は「忘れる」ことで情報を整理し頭の働きを活性化させ、創造的思考を生み出す。忘却の重要性を解いたベストセラー『思考の整理学』の続編。（松本大介）

心の底をのぞいたら　なだいなだ

つかまえどころのない自分の心。知りたくてたまらない他人の心。謎に満ちた心の中を探検し、無意識の世界へ誘う心の名著。（香山リカ）

こころの医者のフィールド・ノート　中沢正夫

こころの病に倒れた人と一緒に悲しみ、怒り、闘う医師がいる。病ではなく〝人〟のぬくもりをしみじみと描く感銘深い作品。（沢野ひとし）

娘の学校　なだいなだ

幼い四人の実の娘たちに語りかける形で書いた著者の代表作。常識を疑い、自分の頭で考え抜くことを旨とする、寄り道多数の授業を展開する。

自分を支える心の技法　名越康文

対人関係につきものの怒りに気づき、「我慢する」のでなく、それを消すことをどう続けていくか。人気精神科医からのアドバイス。長いあとがきを附す。

増補新版 いま、地方で生きるということ　西村佳哲

どこで生きてゆくか、何をして生きてゆくか？ 自分の仕事や暮らしを、自分たちでつくる幸福論。8年後のインタビューを加えた決定版。

加害者は変われるか？　信田さよ子

家庭という密室で、DVや虐待は起きる。「普通の人」がなぜ？ 加害者を正面から見つめ分析し、再発を防ぐ考察につなげた、初めての本。（牟田和恵）

東大で上野千鶴子にケンカを学ぶ　遙洋子

そのケンカ道の見事さに目を見張り「私も学問がしたい！」という熱い思いを読者に湧き上がらせた、涙と笑いのベストセラー。（斎藤美奈子）

ファッションフード、あります。 畑中三応子
ティラミス、もつ鍋、B級グルメ……激しくはやりすたりを繰り返す食べ物から日本社会の一断面を切り取った痛快な文化史。年表付。（平松洋子）

「教える技術」の鍛え方 樋口裕一
ダメ教師だった著者が、「カリスマ講師」として知られるようになったのはなぜか？　自らの経験から見出した「教える技術」凝縮の一冊。（和田秀樹）

私の脳で起こったこと 樋口直美
「レビー小体型認知症」本人による、世界初となる自己観察と思索の記録。認知症とは、人間とは、生きるとは何かを考えさせる。（伊藤亜紗）

人生の教科書「よのなかのルール」 藤原和博／宮台真司
〝バカを伝染（うつ）さない〟ための「成熟社会へのパスポート」です。大人と子ども、お金と仕事、男と女と自殺のルールを考える。（重松清）

人生の教科書「人間関係」 藤原和博
人間関係で一番大切なことは、相手に「！」を感じてもらうことだ。そのための、すぐに使えるヒントが詰まった一冊。（茂木健一郎）

人生の教科書「情報編集力をつける国語」 藤原和博／重松清／橋本治
コミュニケーションツールとしての日本語力＝情報編集力をつけるのが国語。重松清の小説と橋本治の古典で実践教科書を完成。（平田オリザ）

本を読む人だけが手にするもの 藤原和博
これを読んだらもっと本が読みたくなる最強の読書論。厳選50冊も紹介。文庫版特典は、前田裕二のエッセイ。「人生の教科書」シリーズスタート！

父親になるということ 藤原和博
大人の常識を持ち込んで子供を犠牲にしていないか？　自問自答しながら「子供好きの大人」から「父親」になろうとした悪戦苦闘の記録。（宮台真司）

終わりなき日常を生きろ 宮台真司
「終わらない日常」と「さまよえる良心」——オウム事件直後出版の本書は、著者のその後の発言の根幹である。書き下ろしの長いあとがきを付す。

14歳からの社会学 宮台真司
「社会を分析する専門家」である著者が、社会の「本当のこと」を伝え、いかに生きるべきか、に正面から答えた。重松清、大道珠貴との対談を新たに付す。

暮しの老いじたく　南和子

老いは突然、坂道を転げ落ちるようにやってくる。その時になってあわてないために今、何ができるか。道具選びや住居など、具体的な50の提案。

老いを生きる暮しの知恵　南和子

老いの暮しをすこやかに維持し、前向きに生きていくための知恵と工夫を伝える。体調や体力による違いを超えて、幅広い層に役立つアドバイス。

「居場所」のない男、「時間」がない女　水無田気流

「世界一孤独」な男たちと「時限ばかり」の女たち。全員が幸せになる策はあるか――？　社会を分断する溝に、気鋭の社会学者が向き合う。（内田良）

新版 赤ちゃんのいる暮らし　毛利子来

初めての赤ちゃんと、楽しく暮らすための知恵と方法がつまった本。ベテラン小児科医が「堅苦しく考えないで」とほっとさせてくれる。（本上まなみ）

生きるかなしみ　山田太一編

人は誰でも心の底に、様々なかなしみを抱きながら生きている。「生きるかなしみ」と真摯に直面し、人生の幅と厚みを増した先人達の諸相を読む。

「日本人」という、うそ　山岸俊男

現代日本の様々な問題は、「武士道」だの「品格」だのでは、解決できない。それはなぜか？　「日本人とは」という常識のうそをあばく！（長谷川寿一）

身近な雑草の愉快な生きかた　稲垣栄洋　三上修・画

名もなき草たちの暮らしぶりと生き残り戦術を愛情とユーモアに満ちた視線で観察、紹介した植物エッセイ。繊細なイラストも魅力。（宮田珠己）

ふらり珍地名の旅　今尾恵介

浮気町、茄子作、雨降り……日本地図で見つけた珍しい地名の町で、由来や地形をたずね歩く。ほのぼのとユーモアあふれる楽しい紀行エッセイ。（酒井順子）

大東京ぐるぐる自転車　伊藤礼

六十八歳で自転車に乗り始め、はや十四年。ペースメーカーを装着した体で走行した距離は約四万キロ！　味わい深い小冒険の数々。（平松洋子）

ダダダダ菜園記　伊藤礼

畑づくりの苦労、楽しさを、滋味とユーモア溢れる文章で描く。自宅の食堂から見える庭いっぱいの農場で〝伊藤式農法〟確立を目指す。（宮田珠己）

ナリワイをつくる　伊藤洋志

暮らしの中で需要を見つけ月3万円の仕事を作り、それを何本か持てば生活は成り立つ。DIY・複業・お裾分けを駆使し仲間も増える。（鷲田清一）

フルサトをつくる　伊藤洋志／pha

都会か田舎か、定住か移住かという二者択一を超えて、もう一つの本拠地をつくろう！　場所の見つけ方、人との繋がり方、仕事の作り方。（安藤桃子）

ポケットに外国語を　黒田龍之助

言葉への異常な愛情で、外国語本来の面白さを伝えるエッセイ集。ついでに外国語学習が、もっと楽しくなるヒントもつまっている。（堀江敏幸）

その他の外国語エトセトラ　黒田龍之助

英語、独語などメジャーな言語ではないけれど、世界のどこかで使われている外国語。それにまつわる面白いけど役に立たないエッセイ集。（菊池良生）

世界のことばアイウエオ　黒田龍之助

世界一周、外国語の旅！　英語や日本語といった身近な言語からサーミ語、ゾンガ語まで、100のことばについて綴ったエッセイ集。（高野秀行）

ロシア語だけの青春　黒田龍之助

東京の雑居ビルにあった「ミール・ロシア語研究所」で、一人の高校生が全身でロシア語学習に取り組み、人気語学教師になるまでの青春記。（貝澤哉）

鴻上尚史のごあいさつ　1981-2019　鴻上尚史

公演の度に観客席へ配られる鴻上尚史の手書き文章「ごあいさつ」を完全網羅。上演時を振り返る「解説」も作品毎に加筆したファン必携のエッセイ集！

「読み」の整理学　外山滋比古

読み方には、既知を読むアルファ（おかゆ）読みと、未知を読むベータ（スルメ）読みがある。リーディングの新しい地平を開く目からウロコの一冊。

ライフワークの思想　外山滋比古

自分だけの時間を作ることは一番の精神的肥料になる、前進だけが人生ではない——。時間を生かして、ライフワークの花を咲かせる貴重な提案。

アイディアのレッスン　外山滋比古

しなやかな発想、思考を実生活に生かすには？　たんなる思いつきを〝使えるアイディア〟にする方法をお教えします。『思考の整理学』実践篇。

日本ぶらりぶらり　山下清
坊主頭に半ズボン、リュックを背負い日本各地の旅に出た〝裸の大将〟が見聞きするものは不思議なことばかり。スケッチ多数。（壽岳章子）

日本美術応援団　赤瀬川原平　山下裕二
雪舟の「天橋立図」凄いけどどこかヘン!?　光琳にはなくて宗達にはある〝乱暴力〟とは？　教養主義にとらわれない大胆不敵な美術鑑賞法‼

自分の謎　赤瀬川原平
「眼の達人」が到達した傑作絵本。なぜ私は、ここにいるのか。自分が自分である不思議について。「こどもの哲学　大人の絵本」第1弾。（タナカカツキ）

四角形の歴史　赤瀬川原平
四角い画面。四角いファインダー。その四角形はどこからやってきたのだろう？　「こどもの哲学　大人の絵本」第2弾。（ヨシタケシンスケ）

ふしぎなお金　赤瀬川原平
お金とはいったい何なのだろう？　「千円札裁判」で日本現代美術史に一石を投じた赤瀬川原平が、お金の本質について視て考える。（山口晃）

ないもの、あります　クラフト・エヴィング商會
堪忍袋の緒、舌鼓、大風呂敷……よく耳にするが、一度として現物を見たことがない物たちを取り寄せてお届けする。文庫化にあたり新商品を追加。

skmt　坂本龍一とは誰か　坂本龍一＋後藤繁雄
坂本龍一は、何を感じ、どこへ向かっているのか？　独特編集者・後藤繁雄のインタビューにより、独創性の秘密にせまる。予見に満ちた思考の軌跡。

ほめる力　齋藤孝
人をほめると、自分の人生が楽しくなる！　自己肯定力をあげるためのコミュニケーション・テクニック。（水野敬也）

禅ゴルフ　Dr.ジョセフ・ペアレント　塩谷紘訳
今という瞬間だけを考えてショットに集中し、結果に関して自分を責めない。禅を通してゴルフの本質と心をコントロールする方法を学ぶ。

ゴルフ「ビジョン54」の哲学　ピア・ニールソン＆リン・マリオット　ロン・シラク　村山美雪訳
「自分に壁をつくらない」。この考え方は、何事に取り組む人にも参考になるはずだ。宮里藍はじめ、多くのプロゴルファーが実践して成果を上げている。

ちくま文庫

やわらかい頭の作り方
――身の回りの見えない構造を解明する

二〇二三年十一月十日　第一刷発行
二〇二四年八月三十日　第五刷発行

文　細谷功（ほそや・いさお）
絵　ヨシタケシンスケ

発行者　増田健史
発行所　株式会社 筑摩書房
東京都台東区蔵前二―五―三　〒一一一―八七五五
電話番号　〇三―五六八七―二六〇一（代表）
装幀者　安野光雅
印刷所　三松堂印刷株式会社
製本所　三松堂印刷株式会社

ISBN978-4-480-43918-5　C0195